Raumsprache und Raumenergie

Feng Shui

für Gesundheit und Erfolg

Bernd Nossack

Raumsprache und Raumenergie

Feng Shui

für Gesundheit und Erfolg

Urania

Die Deutsche Bibliothek – CIP-Einheitsaufnahme

Nossack, Bernd:
Raumsprache und Raumenergie : Feng Shui für Gesundheit und Erfolg / Bernd Nossack. - Leipzig ; Jena ; Berlin : Urania-Verl., 1997
ISBN 3-332-00585-5

Umschlaggestaltung: S/L Komunikation
Titelbild: Großes Foto: Orion Press/Premium; kleines Bild oben: Georg Fischer/Bilderberg, kleines Bild unten: Gunner Scheffler
Fotos: Heinz Jörg Barthel, Hamburg: S. 27, 105, 114; Bilderberg, Hamburg: S. 12 (Eberhard Grames), 13 (Andrej Reiser), 15 (Georg Fischer), 40 (Georg Fischer), 42 (Georg Fischer); Hongkong Tourist Centre: 27, 41, 61; Inntal-Klinik: S. 107; Gunna Scheffler, Haby: S. 50, 108, 110;
Zeichnungen: M. Pierau Grafik-Design
Lektorat: Dr. Reitter & Partner Verlag GmbH, 85591 Vaterstetten
Satz: Dr. Reitter & Partner Verlag GmbH, 85591 Vaterstetten
Druck: Westermann Druck, Zwickau

Printed in Germany
Gedruckt auf alterungsbeständigem Papier mit chlorfrei gebleichtem Zellstoff

Originalausgabe
ISBN 3-332-00585-5

Inhalt

Einführung

Kennen Sie das? Sie setzen Ihren Fuß über eine Schwelle und fühlen sich von allem, was Sie umgibt, dermaßen angezogen, daß Sie von der Umgebung, die Sie da betreten, völlig fasziniert sind. Es ist, als wenn Sie mit Energie förmlich aufgeladen würden. Solch ein Erlebnis kann dazu beitragen, daß Sie Sorgen vergessen und optimistischer werden.

Die umgekehrte Erfahrung ist den meisten von uns gleichfalls kaum erspart geblieben. Man kommt in ein Haus und fühlt sich vom ersten Moment an leicht unbehaglich.

Meist bestätigen sich diese „ersten Eindrücke" von einem Haus, einer Wohnung, dem dortigen Ambiente, der Atmosphäre und allem, was damit zu tun hat. Die Verbindung zu den Menschen, die an einem positiven Ort leben, bleibt meist lebendig, und etwas in der persönlichen Beziehung wird auch von den Umgebungseinflüssen unterstützt.

Auf der anderen Seite hat man es schwer, zu Personen, die in einer problematischen Umgebung leben, einen unvoreingenommenen Kontakt aufrechtzuerhalten. Und wir wissen, daß eine de-

primierende Umgebung große negative Sogwirkung haben kann und oft nur durch starke Persönlichkeitsveränderungen oder mühsames Gegenankämpfen von dem Betroffenen überwunden wird.

Häufig verbinden sich mit Örtlichkeiten und den zugehörigen Eindrücken später auch Ereignisketten, die auf seltsame Weise im Positiven wie im Negativen einen Sinn ergeben. Bedenken Sie, wie es schon Ihr Lebensgefühl zu beein-

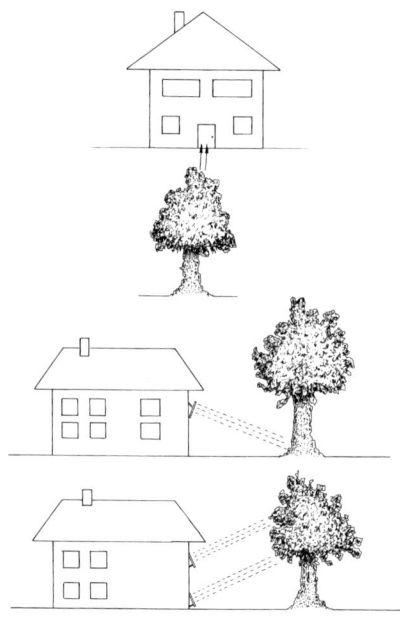

flussen vermag, wenn Sie zu Hause nur die Möbel umstellen, oder wenn Sie ein Zimmer in einer anderen Farbe streichen, vielleicht sogar raffinierte Farbkombinationen wählen. Und nicht viel anders wirkt auch die Zusammenstellung der Kleidung auf die Psyche.

Ästhetische Kriterien wirken prägend auf die seelische Verfassung einzelner Menschen, und Sie beeinflussen unser gesellschaftliches Bewußtsein. Betrachtet man etwa die moderne Architektur, so fällt daran etwas ungemein Spitzes, Eckiges und Kantiges auf. In manchen Fällen hat eine pfeilförmige Fassade annähernd die Ausstrahlung von Reißzähnen eines Pitbull-Terriers, die auf ein anderes Gebäude und damit auf Menschen gerichtet sind. Doch niemand merkt das.

Ein Baum vor einem Hauseinang wirkt immer wie ein angreifender Pfeil. Er kann Gesundheit, Wohlergehen und Erfolg der Einwohner erheblich beeinträchtigen. Spiegel sind wirkungsvolle Abhilfen, durch die schädigende Energie zum Himmel oder in den Boden reflektiert werden soll

Der erste Schritt

Starten Sie mit Veränderungen in Ihrer häuslichen Umgebung, indem Sie nach sogenannten versteckten Pfeilen in Ihrer Wohnung oder im Haus suchen. Es handelt sich um heimlich wirksame Übeltäter, die auf das Unbewußte Einfluß haben. Im Feng Shui werden als solche „versteckten Pfeile" unter anderem alle Möbelkanten, vorstehende Mauerecken und ähnlich aggressive Formen identifiziert, deren Winkel oder Spitzen auf Sitzgelegenheiten, Liegen oder Sofas gerichtet sind. Sie produzieren sogenanntes Sha Chi, negative Energie.

■ Sollte also ein modischer Beistelltisch für eine Sitzgruppe eine spitze Form haben, drehen Sie seine Ecken in eine neutrale Richtung. Vermeiden Sie, daß die Spitzen auf Sie selbst zeigen könnten, oder auf andere Menschen die zum Beispiel im Sessel sitzen.

■ Falls Sie einen nach oben spitz zulaufenden CD-Ständer besitzen, schleifen Sie ihn leicht rund ab. Denn von irgendeiner Seite wird er sich fast immer auf Personen richten.

■ Achten Sie auch darauf, daß Schränke oder Regale nicht mit den Ecken auf Sie gerichtet sind, vor allem sollten Sie die Spitzen nicht im Kreuz haben. Dies könnte unter Umständen Assoziationen wecken, die mit Rückenbeschwerden zu tun haben oder mit etwas, das hinterrücks auf einen zukommt.

■ Falls ein Baum, Mauerpfeiler oder Laternenpfahl auf Ihren Hauseingang weist, bringen Sie einen Spiegel an der Tür oder an einem Fenster an, der die Energie des externen Pfeils zum Boden oder zum Himmel hin wegreflektiert (siehe Skizze).

Chiffren der Gestaltung

Innere Harmonie durch äußere herstellen

Der amerikanische Arzt Larry Dossey, Verfechter medizinischer Konzepte, die Biofeedback und komplexe mentale Prozesse bei der Behandlung von Menschen einbeziehen, hat einmal bemerkt, daß Gesundheit in bestimmter Hinsicht ähnlich „ansteckend" wie eine Krankheit sein könne . Dann nämlich, wenn sich eine Gesundheitsmentalität mit entsprechenden Einstellungen und Verhaltensweisen überträgt.

Genauso wäre zu erwarten, daß ästhetische Impulse zusammen mit dem Bewußtsein für Harmonie positive Ansteckungseffekte haben. Und in dem Maße, wie wir bei der Gestaltung von Architektur, Mode und Gebrauchsgütern die psychologischen und gesellschaftlichen Auswirkungen im Hinterkopf haben, wird Kultur zum systematisch gehandhabten Mentaldesign. Konkret anwendbar wird dies unter anderem für das wirtschaftliche Resultat eines Unternehmens, aber auch für die Effizienz von Behörden und Politik.

Die Konsequenz wäre, daß Feng Shui, wenn es tatsächlich die positive Energie in Bauwerken und Räumen stärkt, auch weitere positive Kreise zieht. Veränderungen im häuslichen Bereich werden also eine vergleichbare Qualität haben – wie ein Stein, den man ins Wasser wirft, und der beim Auftreffen auf die Oberfläche immer größere Kreise hervorruft.

Wenn ich mich durch Wohnungseinrichtung und Kleidung, die gleichzeitig Harmonie und Vitalität ausstrahlen, in positive Resonanz zu meiner Umgebung bringe, wächst auch mein Erfolg. Es ist wie ein „Anwählen" kollektiver Bewußtseins-Schaltkreise, zu denen man eine persönliche Energieverbindung herstellt. Sich mit der Umwelt etwa durch eine bewußte Gestaltung von Orten, Räumen und ihren Details in Übereinstimmung zu bringen, ist deshalb ein vitales Beispiel für die Aktivierung von sehr altem, überliefertem Wissen, das die Chance hat, zu einer dynamischen Zukunftsvision zu werden.

Gerade in Zeiten, in denen die Gesellschaft von Ängsten und einem gewissen Pessimismus hinsichtlich der Entwicklung von Wirtschaft, Sicherheit und innerem Frieden geplagt ist, besteht ein fundamentales Bedürfnis nach Visionen.

Feng Shui bietet eine Chance für positive Zukunftsentwürfe. Denn Harmonie in Architektur und Design, eine gute mentale Energie der Innen- wie Außengestaltung, ist in der Lage, gesellschaftliche Einstellungen, die über den Geschmack geprägt werden, unbewußt zu beeinflussen.

Bei den Griechen hatte zur Zeit des Pythagoras die Harmonie der Zahl eine große Bedeutung. Der Goldene Schnitt als *Maß des Menschen* in Kunst und Architektur spielte eine vorherrschende Rolle in der Ästhetik. Zudem waren durch eine streng geometrische Landaufteilung die Felder dem jeweiligen *Geist des Ortes* und der ihm zugeschriebenen Zahl geweiht. Darin besteht eine Verbindung zum chinesischen Feng Shui, das seinerseits Zahlen und Himmelsrichtungen in eine enge Verbindung bringt und ihnen Symbolgehalt beimißt.

Raum-Mentalität der Griechen

Zentrum der hellenischen Kultur war der Omphalos von Delphi, der den Griechen als Nabel der Welt galt. Dabei handelte es sich um einen Stein, der, wie die Kaaba in Mekka für die Anhänger des Islams, als heilig galt. Der Omphalos-Stein war dem Apollon geweiht. An diesem heiligen Ort wurde einmal im Jahr das Orakel von Delphi angerufen. Der Überlieferung nach befand sich unter dem Stein der Schlangengeist der Erde – gleichsam die *elektromagnetische Energie* der damals bekannten Welt. Diese Kraft war hier nach antiker Vorstellung an einem Punkt konzentriert, und sie konnte offenbar zu Erfolg und Wohlergehen der Menschen angezapft, also aktiviert werden. Aus diesem Grund galt der Stein von Delphi auch als Mittelpunkt der Erde.

Apollon war der himmlische Sonnengott, mit ihm verbunden war der Kult des Drachenbezwingers, der das Dunkle und Chaotische überwindet. Über die Kraft der Natur, das ursprüngliche, mütterliche Prinzip, siegte der männliche Logos des Patriarchats. Entsprechend ist die griechische Kultur mit ihren unzähligen Säulen bereits phallisch-männlich dominiert. Sie beinhaltet bereits die abendländische Konflikthaltung, der es seit frühester Zeit um Unterwerfung, Einebnung und Begradigung der als gefährlich erachteten Natur ging.

Zwar ist die traditionelle chinesische Kultur sogar noch patriachalischer gewesen, dennoch hatte man im Reich der Mitte ein viel engeres Verhältnis zu den Wurzeln der Natur bewahrt. So wurde die Drachenenergie stets als positive Kraft angesehen.

Feng Shui für mehr Zukunft

9

Was Sie als nächstes tun sollten:

Sensibilisieren Sie sich für Orte und Räume – bei Ihnen zu Hause, in Ihrer Umgebung und anderswo. Machen Sie sich klar, wo etwas freundlich und hell auf Sie wirkt. Welche Formen, Muster und Farben wecken bei Ihnen welche Art von positiven Assoziationen?

■ Bedeutet Gelb für Sie Sonne oder ein Kornfeld? Oder haben Sie bei der Farbe eher unangenehme Gedankenverbindungen? Hat das einen Grund? Und wenn ja, welchen?

■ Sehen Sie sich auch Formen von Gegenständen an, und fragen Sie sich dabei, woran Sie durch sie erinnert werden. Erkennen Sie in Feldsteinen oder in Formen von Baumrinde vielleicht menschliche Gesichter oder Tierschädel? Es heißt zum Beispiel, man solle keine Findlinge im Garten liegen haben, in denen das Bild einer Ratte zu erkennen sei. Dies könnte Kräfte ins Umfeld bringen, die eine unterminierende Wirkung haben.

■ Fragen Sie sich auch, warum Deckenbalken im einen Fall behaglich und im anderen bedrückend auf Sie wirken. Was für einen Eindruck machen Ecken in einem konkreten Winkel auf Sie? Beeinträchtigen sie Ihr Raumgefühl, oder wird ein angenehmer gemütlicher Eindruck hervorgerufen?

Mit der Zeit werden Sie sogar spüren können, ob Ihre Umgebung nicht nur optisch eindrucksvoller ist, wenn Sie Möbel in bestimmter Weise umgruppieren. Vielmehr werden Sie im positiven Fall den Eindruck gewinnen, daß der Raum sich von der Energie her geradezu weitet, und im negativen, daß er energetisch kollabiert.

■ Machen Sie sich bewußt, daß von Menschen, die Sie mögen und die Ihnen sehr vertraut sind, oft eine Botschaft im Raum bleibt, die Sie vielleicht sogar noch am nächsten Tag in den Objekten Ihrer Umgebung erkennen können. Umgekehrt gibt es zum Beispiel viele Sendungen im Fernsehen, aber auch Gespräche oder eigene Gedanken, die eine negative Spur in den vier Wänden hinterlassen.

■ Gegenmaßnahme: Holen Sie sich aus Ihrer nächsten Gewürzhandlung Salbeikraut und aus einem Dekoladen eine große Muschelschale, oder besorgen Sie sich ein Messinggefäß. Verbrennen Sie darin den Salbei, und räuchern Sie Ihre Wohnung aus.

■ Begleitend dazu hat die heilige indische Sanskrit-Silbe Aum eine reinigende Wirkung auf den Raum, wenn man sie langgezogen singt und dabei ein Vibrieren in die Stimme bringt (etwa: A-u-m-m-m). Sie werden es merken: Vibration verändert Räume.

■ Sehr viel Energie sollen Räume speichern, wenn man in ihnen trommelt. Einmal pro Woche eine halbe Stunde trommeln kann viel Kraft in den Wänden zurücklassen - dies ist gerade dann von Bedeutung, wenn man in einer Phase steckt, bei der sich in seinem Leben nicht viel tut. Übrigens: Jede Art von harmonischer Musik hinterläßt im Raum eine positive Resonanz, ganz besonders, wenn man selbst musiziert!

Roms Macht und Radiästhesie

Über die Architektur der Römer wird Erstaunliches berichtet. Ihre Tempel und Kastelle sollen an Kraftlinien der Erde ausgerichtet, die Grenzverläufe mindestens teilweise daran orientiert gewesen sein. Dabei spielte angeblich das sogenannte Globalgitternetz eine Rolle. Die Radiästhesie versteht dieses Netz als energetische Struktur, die sich nahezu gitterartig über den gesamten Boden der Erde ausbreitet.

Die Energielinien wurden möglicherweise geschickt genutzt, um den Bauten ein Fluidum der Unbesiegbarkeit zu verleihen.

Gab es in der römischen Antike also Kenntnisse über Energieverläufe im Boden, die bei der Schaffung des Weltreichs eine Rolle gespielt haben? Dazu schreibt Stefan Brönnle, Diplomingenieur für Landschaftspflege und Landschaftsökologie, München: „Sie nutzten ihre geomantischen Kenntnisse, um andere Völker zu erobern. Auch Cäsar als *pontifex maximus* wußte von diesen Dingen. Alle Schlachten, die Cäsar gegen die gallischen Kelten in Frankreich schlug, fanden an den heiligen Orten der Gallier statt." Ziel sei es gewesen, sich auch die heiligen Stätten in den von Rom eroberten Gebieten zu unterwerfen und damit die besiegten Völker auch mental zu beherrschen.

Wußten Sie schon?
Westliches Pendant zum Feng Shui

■ Feng Shui wird im Westen allgemein als eine chinesische Form der Geomantie definiert. Das stimmt allerdings nur mit Einschränkungen. Denn Geomantie bedeutet ursprünglich überliefertes Wissen von den Kräften der Erde, ihre Erkundung und praktische Nutzung. Feng Shui befaßt sich darüber hinaus beispielsweise mit komplexen Symbolsystemen und mentaler Design-Analyse.

■ Die klassische abendländische Geomantie untersucht zum Beispiel den Einfluß vom sogenannten „geopathischen Streß", wie er unter anderem durch Wasseraderkanten und Erdverwerfungen hervorgerufen werden soll. Ein spezielles Gebiet befaßt sich außerdem mit Energielinien (Leylines), die – wie es heißt – zum Teil Tausende von Kilometern voneinander entfernt liegende Orte, wie die ägyptischen Pyramiden und die Megalith-Steine von Gladstonebury, verbinden.

Chartres: Himmlisches Maß

In den Jahrhunderten, die auf die griechisch-römische Antike folgten, entstanden in Europa Bauformen, die von christlich-religiösen Motiven geprägt waren. Die Raumsprache der Gotik etwa hat für den in Dänemark lebenden Architekten A. T. Mann eine „kristalline Leichtigkeit, ein Streben gen Himmel." Als eindrucksvolles Beispiel nennt er die Kathedrale von Chartres, in der allerdings auch der Einfluß von Pythagoras und anderen Philosophen deutlich wird.

Ein in den Formen der Kathedrale inkorporiertes Weltverständnis habe darin bestanden, daß sich alle Zahlen gleich-

sam aus der göttlichen Einheit heraus entwickelt hätten. A. T. Mann spricht von einer „Inkarnation von Zahl und Geometrie im Menschlichen" („Mystische Architektur", Astroterra, 1995).

Es gibt Kulturkritiker, die meinen, zumindest in der Zeit der Spätgotik habe die himmelstrebende Bauweise Städter und Dörfler oft über die erbärmlichen Lebensbedingungen in Europa hinweggetröstet; im Mittelalter waren die Menschen nicht nur von der Geißel der Pest geplagt, sondern das Gros der Bevölkerung litt auch unter Armut und Leibeigenschaft. Insofern diente die Bauweise bei aller architektonischen Schönheit auch der Machterhaltung im Diesseits.

Die Renaissance war die Zeit, in der die Obrigkeit zwar immer noch absolutistisch herrschte und in der das Über-Ich mit moralischen Tabus und theologischen Dogmen nach wie vor übermächtig war. Dennoch wurde in jener Zeit, als Galilei das heliozentrische Weltbild mit der Sonne im Mittelpunkt des Planetensystems entwarf und die Aufklärung allmählich weitere Kreise zog, das Ich in Malerei und Dichtung entdeckt – die Geburtsstunde des individuellen Selbstbewußtseins war gekommen.

Die Garten- und Landschaftsgestaltung der Renaissance ließ lange, gerade

Das Kirchenschiff von Chartres – himmelstrebende Deckengewölbe zeugen von der mentalen Jenseitsorientierung der Menschen in der Gotik

Alleen und breite Schneisen entstehen. Etwas Helles und Raumgreifendes (so wie das Ich-Bewußtsein für sich Raum sucht) bestimmte in den folgenden Jahrhunderten verstärkt die Formen von Häusern, Siedlungen, Parks und Alleen.

Charismatisches Bauen

Architektur spiegelt stets das Lebensgefühl ihrer Epoche wider. Hoffnungen, Erwartungen und geistige Projektionen schlagen sich bis heute in ihr nieder, und zwar ungleich dauerhafter als in der flüchtigen Mode, die am Körper getragen wird. Denn Häuser bleiben in der Regel für Jahrzehnte, Jahrhunderte und manchmal noch länger stehen. Damit erhält sich über Generationen hinweg auch die geistige Botschaft, welche die Erbauer bewußt oder unbewußt in den Formen von Mauern, Treppen, Säulen oder ganzen Siedlungen und Städten hinterlassen.

Seit etwa 4000 Jahren haben die Chinesen ihre Architekturphilosophie. Sie ist seit 2500 Jahren auch schriftlich dokumentiert und heißt „Feng Shui". Bei dieser traditionellen Lehre aus Fernost handelt es sich um ein System, in dem es darum geht, die vitale Ausstrahlung von Räumen und Gebäuden mit Hilfe einer bewußt gewählten und psychologisch

Das Erlösungsversprechen der Kirche wurde vor allem in den Deckengewölben gotischer Gotteshäuser deutlich. Interessant sind die vielfältigen Vermutungen und Spekulationen, die sich um die großen europäischen Kathedralen ranken. So wird behauptet, ihre Baumeister seien durchgehend Freimaurer gewesen, die altes europäisches Wissen um die Kräfte der Erde bewahrt hätten, das ursprünglich auf Etrusker und keltische Druiden zurückgehen soll

genau kalkulierten Gestaltung zu erhöhen. Grundriß und Lage eines Hauses haben dabei eine ebenso wichtige symbolische Bedeutung wie Farben und Einrichtungsdetails im Inneren. Durch bauliche Maßnahmen und durch die Beachtung wichtiger „Spielregeln" lassen sich nach dieser Philosophie die Kräfte der in einem Gebäude lebenden und arbeitenden Menschen steigern.

Viele Elemente chinesischer Baukultur und Innenraumgestaltung sind durch die Zeiten hindurch gleichgeblieben. Doch es gibt eine sehr lebendige Anpassung der überlieferten Richtlinien an den modernen Zeitgeschmack. Worauf es den Fachleuten dieser Architekturphilosophie immer wieder ankommt, ist, Menschen ein Gestaltungsgefüge zu vermitteln, das Erfolg, Gesundheit und Harmonie vereint.

Das entscheidende Augenmerk wurde dabei vor allem auf den Menschen im Spannungsfeld der Naturkräfte wie Erdmagnetismus, kosmische Einflüsse und andere Faktoren gelegt. Wörtlich übersetzt heißt Feng Shui „Wind und Wasser". Was diese beiden Naturelemente nach alter chinesischer Tradition für eine Wirkung auf Häuser, Räume und Menschen haben, wird noch genauer zu erörtern sein.

Feng-Shui-Regeln sind an die Moderne angepaßt

Erfolgsmodell Fernost

In der 1045 km² großen ehemaligen britischen Kronkolonie Hongkong mit derzeit 5, 85 Millionen Einwohnern konnte die Tradition des Feng Shui vollständig bewahrt werden, ebenso wie im malaiischen Singapur mit seinem hohen Anteil an Auslandschinesen oder auf Taiwan (Nationalchina). Im übrigen gilt Hongkong als Mekka des Feng Shui.

Es gibt kaum ein Geschäftshaus – handelt es sich nun um den Glaspalast einer Versicherung oder um das kleine Haus eines Handwerkers –, das nicht von Feng-Shui-Experten gemeinsam mit den Architekten geplant wird. Tageszeitungen berichten in großen Beiträgen immer wieder über das „Feng Shui" eines wichtigen Neubaus, und ständig wird auch die Geschichte von Angestellten erzählt, die es angeblich ablehnen, in einem Büro mit schlechten Feng-Shui-Eigenschaften zu arbeiten. Der Chef muß sich dann etwas einfallen lassen, einen qualifizierten Berater holen und deutlich sichtbare Maßnahmen zur Verbesserung durchführen lassen. Asien, das mit einiger Verzögerung ins Zeitalter der industriellen Revolution startete, dann aber in unvergleichlich kurzer Zeit den Anschluß an die internationale Entwicklung fand und heute den Wirtschaftsraum mit den weltweit höchsten Wachstumsraten stellt, gibt uns Menschen aus dem Westen seit einigen Jahren immer neue Rätsel auf: Wie schafft man ein solches Wirtschaftspotential? Welche Prinzipien stehen hinter dem Erfolg?

Aura der Unbezwingbarkeit

Das chinesische Feng Shui dürfte zu den bislang am besten gehüteten Geheimnissen des Fernen Ostens gehören. Hinter all dem steht eine Grundhaltung, die der Erfolgreiche in Asien offenbar bereits mit der Muttermilch einverleibt bekommt. Dabei gibt es ein Geheimnis „hinter dem Geheimnis".

Die Beherrschung formaler Regeln kann die Kräfte eines Menschen erheblich fördern. Und es gibt viele erstaunliche Beispiele für eine neue Art der Entfaltung und Kreativität im Job, wenn Leute aus dem Westen lernen, Feng Shui anzuwenden. Doch es ist hier wie im Kampfsport. So heißt es beispielsweise, daß hochentwickeltes Können dann erreicht würde, wenn ein Kämpfer die erlernten Regeln auf eine Weise anwendet, bei der er selbst gar nicht mehr der Agierende ist. Es geschieht in ihm und durch ihn hindurch. Er wird eins mit et-

was, das sich in Worte kaum fassen läßt. Beispiel Bogenschießen: Irgendwann werden der Arm, der den Bogen spannt, der Pfeil und das Ziel eine Einheit. Es gibt keinen Unterschied mehr zwischen dem, der handelt und den Dingen, mit denen er umgeht. Und weil alles eins ist, trifft der Pfeil schließlich unbeirrbar sein Ziel. Genau dieses Phänomen gibt es auch im Feng Shui. Wirkliche Meisterschaft erkennt man darin, daß sich Lebensumstände plötzlich merkbar positiv verändern, wenn eine Begegnung mit dieser besonderen Energie oder Qualität stattgefunden hat.

Skyline von Hongkong

Viel können Menschen im Westen über das Wesen solchen Erfolgs lernen, sobald sie verstehen: Manche rituelle Geste, die im Kampfsport zum Erfolg führen soll, ist auf einer bestimmten Ebene genauso wichtig wie das Ziel selbst.

Ein Beispiel: Wer Judo oder Karate lernt, bekommt als erstes beigebracht, daß man beim Betreten des Dojo eine Verbeugung vor dem Raum zu machen hat. Einige tun das, weil es von ihnen erwartet wird, andere, weil es für sie eine Art von folkloristischem Reiz hat.

Den Geist des Ortes spüren

Doch erst dann wird man den Sinn dieser Verbeugung begreifen, wenn man ein Gefühl für den Geist des Ortes gewinnt, an den man sich in diesem Augenblick begibt.

Wer sich dafür sensibilisiert, erfährt mit der Zeit, daß hier und da etwas Besonderes spürbar wird, das in der Luft zu liegen scheint.

Feng-Shui-Lehrer sagen: Wenn du zu irgendeinem Termin gehst, und du bist aufgeregt, frage innerlich den „Geist des Ortes" um Erlaubnis, ob du kommen darfst. Er wird sie nicht verweigern. Aber frage. Du bekommst dann unter Umständen eine eigenartige Unterstützung an einem fremden Ort, so, als wärst du dort zu Hause.

Der Geist des Ortes schützt

Menschen aus Weltgegenden, in denen die Kultur noch enger mit der Natur verbunden ist, wundern sich, wenn „zivilisierte" Westler in einen Wald gehen und sich dort aufführen, als seien sie auf einem Campingplatz. Menschen dieser Kulturen würden zuerst die Geister eines Ortes um Erlaubnis bitten, wenn sie sich an einen fremden Platz begeben. Denn für sie hat diese Stelle eine eigene Art von „Erinnerung" an all das, was sich hier früher ereignete.

Sie glauben an Energiebeziehungen zwischen dem Boden, einem Berg und alten Bäumen, zwischen dem Unterholz und dem Buschwerk sowie den Tierarten, die hier ihren Lebensraum haben. All das bildet eine Art von Bewußtsein, mit dem man auf subtile Art kommunizieren kann, dem man sich auf jeden Fall mit Respekt zu nähern hat. Wer das nicht tut, dem kann im Westen vielleicht nicht viel passieren, in einem tropischen Gebiet könnte der Wald aber mit dem Biß einer Schlange oder mit dem Stich einer Malaria-Mücke antworten.

Kommunikation mit der Umgebung und mit nicht alltäglichen Energien geschieht seit langem durch Symbole und Rituale, die im Grunde die Funktion haben, den Menschen für feinere Wahrnehmungsmuster zu sensibilisieren.

Ein weiterer Mentalschlüssel, den wir bewußt oder unbewußt im Alltag ständig anwenden, ist die Vision. Besonders erfolgreiche Menschen haben meist sehr früh – entweder in der Kindheit oder in späteren Situationen der Bewährung – gelernt, ein positives Selbstbild mit dem Glauben an die Erreichbarkeit von Zielen zu koppeln. Je mehr beides innerlich als ständiger Strom von Bildern zur Verfügung steht, desto stärker sind die persönlichen Erfolgsaussichten selbst in Krisensituationen. Menschen mit dieser Gabe besitzen eine visionäre Kraft, die wie ein trainierter Muskel einsetzbar ist. Es gibt Personen, die ein bestimmtes Haus in allen Einzelheiten vor ihrem geistigen Auge erscheinen ließen, es innerlich „in Besitz" nahmen und einrichteten. Und wie vom Donner gerührt standen sie eines Tages vor einer Adresse, und stellten fest: Hier ist es!

Visonäre Energie für Feng Shui

Woran liegt das? Wie es ein äußeres Mentaldesign gibt, das psychische Strukturen im Stil der Einrichtung und der Kleidung spiegelt, gibt es auch ein inneres Design, den mentalen „Selbstentwurf" der Persönlichkeit, ebenso wie die *gestaltenden* Träume von der eigenen Rolle und die verschiedensten Zukunftsentwürfe in inneren Bildern. Wie weit man durch visionäre Kraft die Wirklichkeit beeinflussen kann, hängt von der psychischen Energie ab, mit der das innere Design „elektrisiert" wird.

Umgekehrt wird Feng Shui als methodisch kalkuliertes Ensemble des äußeren Designs noch gesteigert, wenn man sich vorstellt, wie die Energie zu fließen beginnt. Zwar läßt sich immer wieder beobachten, daß getroffene Maßnahmen auch dann funktionieren, wenn jemand nicht daran glaubt, doch Feng Shui wirkt in ganz andere Dimensionen hinein, wenn Menschen sich so weit entwickeln, daß sie von innen her ihre visionären Schlüssel zu nutzen verstehen.

Ein weiteres Phänomen, das dazu beiträgt, das Set von äußeren Gestaltungselementen mit psychischer Kraft aufzuladen, wird durch Rituale in Gang gesetzt. Denn sie bilden an vielen Stellen gleichsam Relais für den Energiefluß in unserer Realität. Ein solches Ritual lernen Sie nachfolgend kennen. Reinigen Sie die Räume durch Räuchern mit Salbei, und reiben Sie altes Holz, das sich nach Dr. Jes Lim leicht mit mentaler Energie vollsaugen kann, mit einem Lederlappen ab, um es symbolisch zu reinigen.

Äußeres Design mit psychischer Kraft aufladen

Energie-Ritual:

Einweihung mit Glanz und Gloria

Im modernen Hongkong setzen Firmeninhaber eine Art „Alltagsmagie" für den eigenen Erfolg ein. Es gibt zum Beispiel ein Ritual, das helfen soll, Geschäftsräume mit Power aufzuladen, sobald man einzieht. Natürlich kann man das Ritual auch in privaten Räumlichkeiten ausführen.

■ Und so funktioniert es: Eine Stunde vor Beginn der Prozedur werden alle Türen und Fenster ganz und gar verdunkelt. Ebenso hängt man sämtliche Ventilationsrohre und andere nach außen führende Öffnungen zu. Man sollte darauf achten, ein Material zu wählen, das lichtundurchlässig ist. Die international bekannte Feng-Shui-Autorin Dr. Evelyn Lip schlägt für die Originalversion des Rituals sogar eine schwarze Abdunklung vor. Andere weisen (wohl nicht unberechtigt) darauf hin, daß Schwarz mit einer Reihe ungünstiger Assoziationen behaftet ist – zumindest im Westen. Also verwendet man ein Material, das farblich positive Vorstellungen zuläßt (doch kein Weiß, das nach chinesischer Vorstellung Trauer bedeutet.).

■ In der letzten Stunde vor Beginn der Zeremonie sollten sich nach Möglichkeit keine Menschen, Hunde oder Katzen in den Räumen befinden. Alle elektrischen Vorrichtungen sind auszuschalten, und draußen vor der Tür wird eine rote Banderole oder Schärpe drapiert, und zwar um das Namens- oder Firmenschild herum (eventuell mit Klebepads befestigen).

Rot gilt in China als Glücksfarbe. Feng-Shui-Farbexpertin Sarah Rossbach meint, nicht zuletzt deshalb hätte sich die kommunistische Revolution (also „die Roten") seinerzeit in China durchsetzen können. Davon unabhängig: Für uns bedeutet eine rote Schärpe vor der Tür so etwas wie das Anheizen persönlicher Konjunktur.

■ Nach der Hauptperson betreten alle Beteiligten die Räume wie einen besonderen Ort. Alle tragen Wunderkerzen, Teelichter, bengalische Zündhölzer oder brennende Feuerzeuge in der Hand. Sobald man drinnen ist, werden alle Verdunkelungen abgenommen, und überall wird Licht gemacht. Die Räume sind nun symbolisch mit „Lebenselektrizität" durchflutet. Schließlich öffnet die Hauptperson eine Flasche Sekt oder Champagner, und man stößt auf Erfolg, gute Geschäfte und Gesundheit an.

Das Geheimnis der Gleichzeitigkeit

Ein modernes Wahrnehmungskonzept, das einen in die Lage versetzt, Übersinnliches, Ritual und Vision zu verstehen, befähigt zu logischer Unterscheidung zwischen Dingen oder Phänomenen mit ähnlichen Attributen. Beispiel: Eine schwarze Katze und unerklärliches Pech. Beide haben etwas „Dunkles", fast Geheimnisvolles, sind aber nicht identisch. Außer dem „gesunden Menschenverstand", also dem logischen Filtern von Information und Erfahrung, besteht eine Ahnung oder ein Wissen, daß es zweifelsfrei Dinge und Zusammenhänge gibt, die sich mit dem Verstand allein nicht fassen lassen.

Und für ganz bestimmte Momente ist es manchen Menschen auch möglich, sich gleichsam mit einem Symbol, mit der Kraft eines Tieres, mit dem „Bewußtsein" eines Baumes oder Berges zu verbinden. Oder auch etwas von den Schicksalen zu erahnen, die sich in einem Haus zugetragen haben mögen, vor Jahrzehnten, Jahrhunderten oder vor noch längerer Zeit.

Feng Shui ortet Symbolik

Wer ein Gespür für die positive oder negative Aura von Räumen hat und instinktiv oder bewußt eine energievolle Umgebung aufsucht, wird feststellen: Es geht mir einfach besser, wenn ich mich mehr und mehr für diese Phänomene sensibilisiere und eine Reihe von Verhaltensweisen darauf einrichte. Manchen Menschen fliegen auf einmal Erfolge zu. Sie brauchen weniger Schlaf, haben mehr Kraft für Sport, Freizeit und anderes. Echte „Energieverstärker" können auch Symbole sein, mit denen man sich umgibt - ob sie nun als Bild an der Wand hängen, im Dekor integriert sind, oder ob man sie als Schmuck am Körper trägt. Es kann aber auch von Bedeutung sein, in welche Richtung der Herd steht, oder welche Farbe das Telefon hat.

Die Ursachen solcher Phänomene sind weniger in „kausalen" als in „analogen" Zusammenhängen zu suchen. Das heißt: Jemand hat nicht deshalb Erfolg, weil er einen Anhänger trägt, auf den ein altes Glückssymbol aufgeprägt ist. Vielmehr paßt dieses Zeichen möglicherweise zu einer Erfolgsgeschichte.

Vorbedeutung von Zahlen

Schier unerschöpflich ist die Fülle an Synchronizitäten, die mit Zahlen in Zusammenhang stehen. Ein eindrucksvolles Beispiel betrifft den Wissenschaftler Wolfgang Pauli. Bis an sein Lebensende soll er sich mit Fragen der sogenannten Feinstrukturkonstante – einer mathematisch-physikalischen Größe – beschäftigt haben, die mit der Zahl 137 zusammenhängt. Eines Tages wurde der auch schon in jüngeren Jahren schwerkranke Forscher ins Krankenhaus eingeliefert, ausgerechnet in ein Zimmer mit der Nummer 137. Aus seinem Umkreis wird dazu berichtet, daß er gesagt haben soll: „Hier komme ich nie wieder raus." Kurze Zeit später verstarb Wolfgang Pauli tatsächlich.

Zählt man „eins" und „drei" – die ersten beiden Ziffern der Zahl „137" – zusammen, erhält man „vier". Dazu kommt in der Zahl „137" die „sieben" als letzte Ziffer. Wenn man einigen chinesischen Geschäftsleuten mit traditionellen Glaubensvorstellungen im Hotel ein Zimmer mit der Nummer vier oder Kombinationen mit vier, zum Beispiel 47

Im Alltag auf die Symbolik der Zahlen achten

oder 46, anbietet, kann es sein, daß die Betreffenden nervös ein Zimmer mit einer ganz anderen Nummer wünschen. Der Grund liegt darin, daß die Vier bei ihnen als Unglückszahl gilt. Im Chinesischen hört sich „vier" nämlich genauso an wie „Tod".

Eigentlich sind die alten symbolischen Bedeutungen im Abendland auch nicht unbedingt vorteilhaft. Hier steht die Vier ursprünglich für „das Kreuz der Welt" tragen, also unter schwierigen Bedingungen leben und arbeiten.

Immerhin wird sich vielleicht auch mancher für diese Dinge sensibilisierte Europäer überlegen, ob eine Änderung (bei einem Konto) oder eine Umbestellung (für ein Hotelzimmer) nicht günstig sein mag.

Und wenn's nun die eigene Hausnummer ist? Wenn einer in eben diesem Gebäude nie recht vorwärtskommt, könnte dies ja ein Hinweis darauf sein, daß es etwas mit der Zahl auf sich hat. Man hat dann erstens die Möglichkeit, auszuziehen, zweitens (falls möglich) diskret das Nummernschild vom Haus zu entfernen oder drittens, an der eigenen Wohnungstür ein Straßenschild aus Messing oder Pappe mit richtiger Straßenbezeichnung, aber einer anderen Nummer anzubringen.

Bedeutungen von Ziffern für Haus- und Telefonnummer, Kontonummern und Kofferzahlenkombinationen

1 = (abendländisch) Einheit, Zentrum, Anfang

2 = (abendländisch) Zwiespalt, Zweifel, Romanze

3 = (chinesisch) Jemand hilft dir, (abendländisch) Kreativität

4 = (chinesisch) Tod, (abendländisch) sein Kreuz tragen

5 = (chinesisch) Glück, (abendländisch) Kreativität

6 = (chinesisch) freie Fahrt, guter Weg

7 = (chinesisch) widersprüchlich: Räuber, Mandarin, Frauen

8 = (chinesisch) Reichtum

9 = (chinesisch) langes Leben

Begehrt sind in Hongkong unter anderem Auto- und Hausnummern mit „86", weil darin die Bedeutung von freie Fahrt für Reichtum stecken soll. Eine geheimnisvolle „Magie der Zahl" führte in China traditionell auch zu einem umfangreichen Harmonie- und Bedeutungssystem bei Maßen im Alltagsleben, und zwar für Türrahmen, Möbel, Grundrisse und vieles mehr. Doch bleiben wir beim Thema Vorbedeutung. Es gibt Feng-Shui-Meister, die für Krankenhausaufenthalte (siehe den Fall Pauli) dringende Empfehlungen geben. Wenn man operiert wird, soll man bestimmte Vorkehrungen treffen: Als erstes dafür Sorge tragen, daß man nach erfolgtem Eingriff den OP mit dem Kopf voraus verläßt – auf keinen Fall umgekehrt! Denn es heißt, wer mit den Füßen zuerst den Operationssaal verläßt, übersteht entweder nicht die Operationsfolgen oder er muß später erneut operiert werden. Zumindest wäre mit erheblichen Komplikationen zu rechnen. Doch machen Sie sich nicht verrückt. Fangen Sie nachträglich nicht wild zu recherchieren an: Wie war das eigentlich bei mir? Ein Chinese würde sagen: Blicken Sie nach vorne und sorgen Sie im eigenen Heim für gutes Feng Shui! In dem Zusammenhang gibt es fürs Schlafzimmer eine wichtige Analogie. Schlafen Sie nie mit den Füßen in direkter Linie zur Türöffnung. In dieser Position gleicht man einem Menschen, der mit den Füßen zu-

Feng-Shui-Regeln im Krankenhaus

erst einen OP verläßt – in der Regel ein Leichnam. Dahinter steckt – ohne daß die Dinge genau beim Namen genannt werden – die Befürchtung, eine derartig ungünstige Bettposition könnte mit erheblichen negativen Synchronizitäten einhergehen. Diese müssen nicht unbedingt gleich den Tod zur Folge haben. Aber möglicherweise steht eine unangenehme Ereignisverkettung ins Haus, wenn man solche Gesichtspunkte des Feng Shui ignoriert.

Flöten in Ba-Gua-Anordnung (Achtung: Zum Befestigen keinen Nagel durchschlagen)

Einige Gegenstände mit positiver Symbolik

Freiheitsstatue (Liberty):
Beliebtes Symbol, zieht positive Energien an, die mit moderner Lebensart zu tun haben.

Engelsfiguren (Putten):
Gelten als außerordentlich günstig, da sie magnetische Kraft auf positive Feldenergien haben sollen.

Buddha-Statuen:
Respektvoller Umgang ist wichtig. Sie brauchen Ihren eigenen Energieraum. Achtung bei vielen asiatischen Skulpturen: Sie können durchaus auch zornige Gottheiten darstellen!

Achteckige Spiegel:
Werden bei uns häufig in prunkvollen Gold- Silber- oder Messingrahmen angeboten. Haben eine starke Beziehung zur chinesischen Glückszahl acht.

Miniaturen von Elefanten:
Bedeuten unter anderem Kraft, Liebe zum Frieden, Urenergie.

Delphindarstellungen (zum Beispiel als Mobile):
Zukunft, Ökologie, Intelligenz der Jahrtausendwende, neues Paradigma.

Schildkröten (lebend oder Nachbildungen):
Altes chinesisches Glückssymbol. Denn sie symbolisieren - wie im I Ging zum Thema Ernährung erwähnt – die innere „Zauberkraft" des Menschen, die Fähigkeit, geistige und materielle Nahrung anzuziehen. Außerdem stehen sie für Langlebigkeit.

Flöten *und andere Blasinstrumente:*
An der Wand verstärken sie in der sogenannten Ba-Gua-Anordnung Energie in einem Raum. Man kann – muß aber nicht – einen Bonsai-Baum dazwischen stellen. Je stärker das Instrument, desto mächtiger der Energie-Effekt. Daher Vorsicht damit im Schlafzimmer – es könnte zu Schlafstörungen kommen.

Strömungsgesetze der Lebensenergie

Wir erinnern uns: Feng Shui heißt, wörtlich aus dem Chinesischen übersetzt, *Wind und Wasser*. Raymond Lo – Feng-Shui-Experte aus dem Ursprungsland der Lehre und Absolvent der Universität von Hongkong – meint, daß sich der Begriff wahrscheinlich aus einem alten Text herleitet, in dem es um Vorschriften für Begräbnisse geht. Darin heißt es: „Der Energiefluß verschwindet mit dem Wind, und er wird von den Grenzen des Wassers gehalten."

Raymond Lo meint, daß es dabei eigentlich um Energien und Zusammenhänge in der Landschaft geht, die symbolisch mit Wind und Wasser bezeichnet werden.

Wind ist wohl nur den Seglern jederzeit willkommen. Die meisten Menschen assoziieren mit ihm vor allem die Begriffe „kalt" und „ungemütlich". Wahrscheinlich ist Wind jedoch nicht unbedingt eine ungünstige Kraft, da es im Orakelwerk I Ging zum Beispiel heißt, Wind könne auch einen sanft formenden Einfluß haben. Ein vor allem harter und scharfer Wind jedoch wirkt in erster Linie beeinträchtigend und meist auch verwüstend.

Sha Chi eindämmen

Während es somit also grundsätzlich vorteilhaft ist, in Meeresnähe zu wohnen, weil dort viel von Wasser ausgehende Lebensenergie herrscht, gibt es Küstenstriche und auch einzelne Buchten, die ständig hartem Wind ausgesetzt sind. Wenn dann noch ein ungünstiger Strömungsverlauf des Meeres hinzukommt, geschieht es aufgrund der Chi-Bedingungen häufig, daß ein Haus immer wieder den Besitzer wechselt und schließlich kaum noch zu verkaufen ist. Es spricht sich herum, daß die Bewohner des Hauses ständig krank sind und auch geschäftliche Erfolge ausbleiben.

Als Abhilfe für solche Fälle sind unter anderem hoch aufgeschüttete Winddämme denkbar, natürlich in einiger Entfernung zum Haus, so daß dieses nicht beengt wird – am besten mit Bewuchs. Außerdem können Rotoren von stromerzeugenden Windgeneratoren das Sha Chi scharfer Windenergie zu einem Teil verwirbeln. Sie dürfen sich optisch und energetisch aber nicht als Pfeilsymbole auf das Haus richten. Nach Möglichkeit sollten sie außer Sichtweite sein. Analog läßt sich dieses Prinzip auch auf andere Bereiche übertragen. Zur Kategorie Wind kann man auch die kinetische Energie des Verkehrsstroms zählen. So gilt es allgemein als ungünstig, am Ende einer Sackgasse oder einer T-Kreuzung zu wohnen. In beiden Situationen richtet sich die Energie des Verkehrs, dessen Strom man sich in einer fortgesetzten imaginären Linie denken muß, auf das Wohngebäude oder auf einen Garten, im schlimmsten Fall auf den Haupteingang.

Zum Schutz für solche Grundstücke in sensibler Lage kommen mehrere Meter hohe Pergolen als Vorgartenbegrenzung in Frage, ebenso von hohen Sträuchern gebildete Hecken. Dichte Fichten- oder Tannensäume erfüllen auch diesen Zweck, und sie bieten den Vorteil, daß sie auch im Winter vollständig abschirmen. Wichtig ist bei der Grenzbegrünung durch Bäume, daß auf jeden Fall ein gebührender Abstand zum Haus eingehalten wird.

In Kleingärten oder auf Balkonen kann man auch holländische Windmühlen aufstellen. Dies sollte geschehen, falls eine Situation gegeben ist, in der eine Sackgasse oder die Einmündung einer T-Kreuzung direkt auf das Grundstück zuführt. Solche Mühlen sind zwar nicht jedermanns Geschmack, doch wird auch ihnen die Fähigkeit zugeschrieben, Sha Chi symbolisch (in einem ganz bestimmten Umfang) verwirbeln zu können.

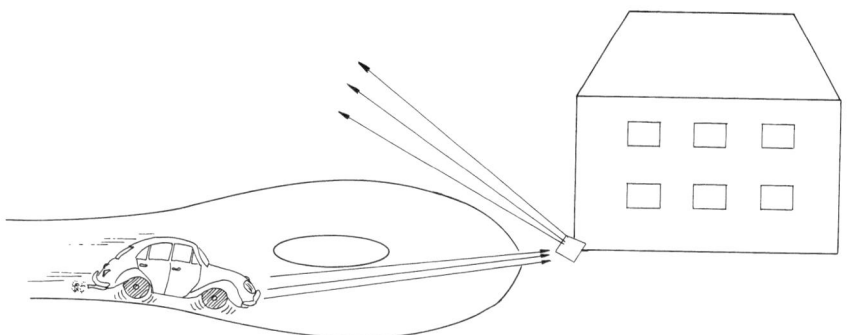

Ungünstige Situation in Sackgasse: Die Energie des Verkehrs trifft auf einen Hauseingang. Abhilfe kann auch hier ein Spiegel bringen, wenn er zum Himmel hin wegreflektiert (nie frontal auf den Verkehr richten)

Falls Sie eine solche Mühle allerdings auf Ihrem Balkon aufstellen, so achten Sie auch hier darauf, daß die Flügel keine *versteckten Pfeile* bilden, die sich entweder auf Sie selbst oder auf Familienmitglieder richten können. Der Balkon muß also so groß sein, daß die Mühle auf dem Boden stehen kann und nicht bis zur Herzhöhe dort sitzender Personen hinaufreicht.

Neuerdings werden in Gartenbedarfsgeschäften auch hölzerne Enten und ähnliche Dekorationsmittel angeboten. Ihre rotierenden Flügel erfüllen eine vergleichbare Funktion wie die klassischen Windmühlen, jedoch sind sie nicht so bombastisch. In jedem Fall ist es wichtig, entsprechende Abhilfen so auszurichten, daß die Flügel sich der Richtung entgegenstellen, aus der das Sha Chi (die gefährliche Energie) zu erwarten ist.

Falls Sie in einem mehrstöckigen Wohnhaus leben, das eine besonders ungünstige Position hat, können Sie in Ihrer Wohnung durch Symbole wie Buddha-Figuren oder beflügeltes Engelsdekor die Energie um sich herum bündeln und dem angreifenden Energiefeld entgegenwirken.

Sinn und Zweck all dieser Maßnahmen ist, das Gesamt-Feng-Shui Ihrer Wohnung so weit zu steigern, daß es – ähnlich dem Immunsystem im menschlichen Körper – in der Lage ist, die Wirkungen des Sha Chi einigermaßen zu neutralisieren. Grundsätzlich bleibt aber Ihr Umfeld belastet, so daß Sie eventuell über einen Umzug nachdenken sollten.

Zu berücksichtigen bleibt auch, wie befahren eine Sackgasse oder die einmündende Straße ist. Bei geringer Verkehrsdichte wird nur verhältnismäßig

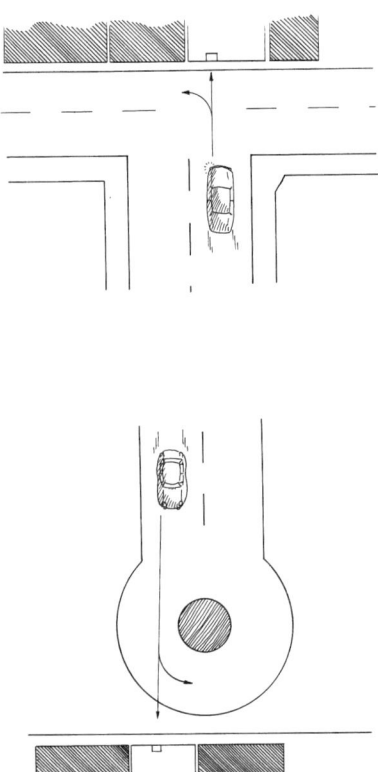

Die Vogelperspektive zeigt, wie angreifende Energie sowohl in einer Sackgasse als auch in einer T-Kreuzung wirksam wird

wenig Sha Chi als Störfaktor wirksam. Außerdem spielt die Geschwindigkeit der Fahrzeuge eine Rolle. In einer verkehrsberuhigten Zone mit geringer Fahrzeugfrequenz pro Zeiteinheit kann man die belastenden Einflüsse nahezu vernachlässigen, wenn sonst alles im Lot ist.

Windenergie ist dem gewaltigen Verkehrsstrom in unseren Städten recht ähnlich, wiewohl dieser auch Fließeigenschaften wie das Wasser haben kann. Bedenken wir jedoch: Ursprünglich waren die Wasserläufe der Ströme und Flüsse eher gewunden.

Im Idealfall für Feng Shui mäandert ein Fluß beschaulich und fließt dabei dennoch kraftvoll.

Fließrichtungen des Chi

Übrigens sind Häuser und Grundstücke an Flüssen ebenso wie an sanft vom Wind bewegten Seen (in günstiger Uferlage positioniert) beste Feng-Shui-Adressen. Wichtig ist allerdings, daß das Wasser eine gute Qualität hat und einigermaßen klar ist. Andernfalls liegt eine hohe Sha-Chi-Belastung vor.

Vergegenwärtigt man sich, daß ein möglichst gewundener Flußlauf (gleiches gilt für Bäche) nach der Feng-Shui-Lehre günstig für das Umfeld ist, läßt sich leicht nachvollziehen, daß die Be-

gradigung von Flußläufen nicht nur den Landschaften, sondern auch den westlichen Volkswirtschaften einen erheblichen Schaden zugefügt hat. In China heißt es seit alters her, gute Geister nähmen Umwege, böse Geister würden immer den schnellsten und geradesten Weg suchen.

Aus diesem Grund gibt es auch fundamentale Regeln dafür, wie der Ener-

Rolltreppen nach Feng-Shui-Ausrichtung

giefluß in einem Haus bzw. in einer Wohnung zu lenken ist. Beispielsweise gibt es vor allem im modernen Neubau die architektonische Unsitte, daß sich Eingangs- und Ausgangstür (etwa zum Balkon oder zur Terrasse) genau gegenüber liegen.

In diesem Fall hat das Chi keine ausreichende Möglichkeit, sich im Raum zu verbreiten. Das bedeutet, es kommt vorne zur Tür herein und strömt hinten gleich wieder hinaus.

Wenn sich Hauseingang und rückwärtige Tür direkt gegenüberliegen, kommt das Chi vorne herein und geht geradewegs nach hinten wieder hinaus

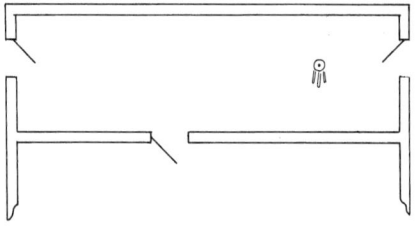

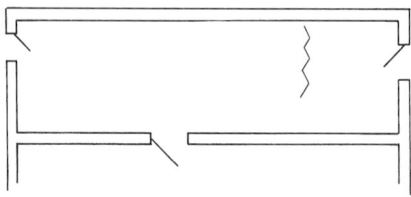

Man muß dann entweder einen Energieblocker in Form eines Windspiels vor der rückwärtigen Tür anbringen, der das Chi im Raume festhält, oder Hindernisse aufstellen, die einen Verteilereffekt haben. Das heißt, das Chi wird gezwungen, Umwege zu machen, und es gewinnt die Strömungseigenschaft von Wasser in einem gewundenen Flußlauf. Auf diese Weise hat es die Möglichkeit, sich im Raum zu verteilen und positiv zu wirken; es wird von untergeordneten Strömungsfaktoren im Haushalt oder Büro angezogen und kann dorthin Energie abgeben.

Entsprechende Sub-Strömungen werden durch Fenster erzeugt. Ferner hat Licht, künstliches wie natürliches, die Eigenschaft, Energie zu lenken. Und schließlich besitzen Wandfächer symbolisch ebenfalls energielenkende Fähigkeiten (ausführlich dazu im Kapitel „Der Eingangssektor: Diele und Flur", S. 83 f.). Gegenstände, die Chi am zu schnellen Durchfluß hindern und ihm den Zugang zu den Unterströmungen verschaffen, sind große Pflanzen, kleine Raumteiler, querstehende Bücherborde und unter Umständen auch Paravents.

Unabhängig vom chinesischen Feng Shui haben Kaufhausketten und andere Einzelhandelsunternehmen inzwischen ein differenziertes System der Lichtführung entwickelt, das helfen soll, den Kunden zu den räumlichen Bereichen zu bringen, in denen die Kaufimpulse besonders unterstützt werden sollen.

Genutzt wird dabei letztlich das Prinzip, über Licht das Chi im Raum zu kanalisieren. Ganz ähnlich kann man auch in Geschäftsräumen, aber auch im privaten, häuslichen Bereich vorgehen. Durch Lichtführung gelingt es, Chi im Raum zu fokussieren, denn es folgt weitgehend dem Lichtkegel. Durch Beleuchtungskörper, wie etwa Deckenstrahler oder Lampen, deren Licht nach unten scheint, und auch durch die Art der Installation bringen Sie die Energie entweder mehr in die oberen oder vorwiegend in die unteren Raumbereiche.

„Energiepumpe" Licht

Raumenergie, die eine Tendenz nach oben hat, wird generell eher Wachheit hervorrufen, möglicherweise kreislaufstimulierend sein und den Sympathikus anregen. Der umgekehrte Effekt ist von Licht zu erwarten, welches eine Tendenz nach unten hat. Es bringt die Energie beim Menschen wahrscheinlich in die unteren Energiezentren (Chakren), so daß auch sexuelle Stimulanseffekte die Folge sein könnten. Ansonsten wird es eher einen Zustand der Entspannung hervorrufen und das parasympathische Nervensystem (Vagus) anregen. Nicht umsonst zeigt das Licht der klassischen Schlafzimmerlampe nach unten. Jede Art von Intimität wird durch Leuchtkörper gefördert, die genau in dieser Weise ihr Licht abgeben.

Auch Schreibtischlampen leuchten nach unten. Das hat aber keinen ermüdenden Effekt, sondern unterstützt die Fähigkeit zu entspannter Arbeit. Außerdem wird das Licht weniger defokussiert in den Raum abgegeben; und da es auf diese Art vergleichsweise wenig streut, hat das zur Folge, daß auch das Chi mehr in dem Bereich um den Schreibtisch herum gebündelt und damit die Konzentrationsfähigkeit gestärkt wird.

Interessant ist der Gesichtspunkt, daß man durch zusätzliches Licht Chi in einer Wohnung oder in anderen Räumen vermehren kann. Wichtig ist dabei, daß es sich um ein als warm empfundenes Licht handelt. Verschiedenfarbige Lampenschirme oder Leuchtstoffröhren steigern aufgrund ihrer spektralen Vielfalt in einem qualitativen Sinn das lichtbedingte Energieniveau. Achten Sie dabei auf einen Ausgleich zwischen Lichtquellen, die von oben strahlen, und solchen, die ihr Licht von unten abgeben.

Stimulans und Entspannung durch Licht

Yin und Yang: Spannungsausgleiche

Im Feng Shui spielt die fundamentale Spannung eine Rolle, die nach traditioneller chinesischer Auffassung das gesamte Leben beherrscht. Es geht um die polare Beziehung (nicht notwendigerweise Gegensatz) zwischen Yin und Yang.

Sehr oft kommt es hier zu Mißverständnissen und zu einer recht eingeengten Sicht. Nach landläufiger Vorstellung bedeutet Yin „das Weibliche" schlechthin und Yang „das Männliche".

Tatsächlich geht es jedoch um viel grundlegendere Gegensätze, wobei die Geschlechterentsprechungen allenfalls Facetten bilden, die so eindeutig aber nur in ganz bestimmten Zusammenhängen Bedeutung haben. Die Tradition, eine sexuelle Polarität zu betonen, dürfte vor allem mit dem patriarchalischen Hintergrund der chinesischen Geschichte zu tun haben.

Yin ist vielmehr das bio-elektrisch Negative, eine eher empfangende Qualität, Yang eine mehr positive Polarität. Mit anderen Worten, Yin ist impulsaufnehmend und passiv, Yang dagegen impulsgebend und aktiv. Wenn man das Yin-Yang-Symbol ansieht, erkennt man jedoch im Hellen (Yang) einen dunklen Kern (Yin) und umgekehrt im dunklen Yin einen hellen Kern Yang. Einige Zuordnungen erscheinen plausibel, und sie sind zum Teil auch bekannt. So stellt Yin die Nacht und den Mond dar, Yang steht für die Sonne und den Tag. Yin ist Entspannung, Schlaf und parasympathisches Nervensystem, Yang steht für Anspannung, Wachzustand und Sympathikus. Für das Feng Shui sind diese Zusammenhänge deshalb interessant, weil auch im Wohnen und in der Einrichtung von Räumen ein Spannungsausgleich zwischen den beiden Polen angestrebt wird. So empfiehlt Lilian Too, in ein Zimmer nicht zu viel Licht (Yang) zu bringen, auch wenn es generell günstig ist, Chi durch Licht zu stärken. Es sollte eigentlich immer ein anheimelndes Spiel von Licht und Schatten herrschen. Und in ähnlicher Weise läßt sich auch in anderen Bereichen eine ausgewogene Balance herstellen.

<u>Beachten Sie dazu einige Yin- Yang-Kriterien, die ein ausgewogenes Chi gewährleisten:</u>

■ Sorgen Sie dafür, daß Sie in der Wohnung nicht nur Beleuchtungskörper haben, die nach unten strahlen und

Yin und Yang – das Prinzip der Polarität

auch nicht nur solche, die nach oben scheinen. Wählen Sie ferner Lampen, die kein zu hartes Licht abgeben.

■ Nach oben strahlende Lampen repräsentieren mehr Yang, nach unten leuchtende eher Yin. Doch wenn ein sehr kräftiger Schein nach unten gebündelt ist und ein intensives Licht abgibt, steht er für Yang. Das hat man zum Beispiel bei Halogen-Strahlern auf dem Schreib- oder Arbeitstisch.

■ Klimatisieren Sie Ihre Wohnung und die Arbeitsräume so, daß sie nicht zu warm und nicht zu kalt sind. Sorgen Sie für eine mittlere Raumfeuchtigkeit.

■ Auch beim Geräuschpegel sollte es in der Gesamtheit der Räume einen Ausgleich geben, sozusagen Ruhezonen auf der einen Seite und Bereiche, in denen es etwas lauter zugehen darf, auf der anderen Seite.

Interessant wird das Ganze, wenn Sie von Yin- und Yang-Einflüssen unterschiedlichen Gebrauch machen, je nachdem, wie Sie sich emotional, aber auch von der Kondition her gerade fühlen. Das heißt also, in einer Phase des Durchhängens sollte man im allgemeinen mehr Yang-Energie um sich konzentrieren – zum Beispiel bewußt Licht einschalten! Vielleicht probieren Sie einmal aus, was passiert, wenn mehr nach oben

Yin-Yang-Symbol

gerichtete Beleuchtungskörper eingeschaltet sind. Man kann auch die Musik im Raum etwas lauter stellen, um sich aus einer negativen Stimmung oder aus körperlicher Antriebslosigkeit zu reißen. Und dann sagt es im Kopf womöglich „Klick", und Sie sind auf einmal viel wacher, als noch vor einem Augenblick, möglicherweise richtig aufgekratzt und ganz präsent.

Kraft und Energie durch ausgewogene Balance

Doch vielleicht wollen Sie sich auch auf etwas konzentrieren, für das in bestimmter Weise nach unten gerichtetes Licht im Raum Ihnen genau die Energie vermittelt, die Sie brauchen, um Ihr Ziel ganz deutlich vor Augen zu haben. In dem Fall kann Ihnen eine solche Ausleuchtung Ihres Raumes ein besonderes Gefühl vermitteln (oder eine bestimmte Art, die Dinge um sich herum zu sehen oder zu hören).

Vielleicht möchten Sie an manchen Tagen mehr Yin erleben als sonst, oder Sie haben den Wunsch, auf eine bestimmte Art zu entspannen, die durch gedämpftes Licht unterstützt wird. Oft hat man in einer solchen Situation eigentlich Appetit auf Süßes (Yin), aber indem Sie sich durch Raumeinflüsse vergleichbare Wohltaten gönnen, schaffen Sie unter Umständen einen kaloriensparenden Ersatz. Reizvoll ist es auch, in verschiedenen Ecken und Winkeln unterschiedliches Licht zu haben sowie durch sanfte Musik und das Plätschern eines Zimmerbrunnens oder andere Klangquellen einen Vorder- und Hintergrund im Geräuschfeld zu erleben.

Balance durch Licht, Musik und Düfte

Eine gute Hi-fi-Anlage macht es möglich, Bässe und hohe Töne so im Raum zu verteilen, daß sie psychisch vielseitig stimulieren.

Raffinierte Balance-Möglichkeiten

Wenn Sie sich einer Duft-Lampe bedienen, können Sie weitere Yin- und Yang-Qualitäten wecken. Düfte wie Cajeput, Ingwer, Lemongras, Myrrhe, Styrax, Rosmarin und Sandelholz gelten als yang-betont. Dagegen haben Duftnoten wie Lavendel, Douglasie, Kamille, Myrte, Geranie, Rose, Ylang-Ylang oder Vanille Yin-Charakter. Als in sich ausgeglichen gelten Bergamotte und Melisse. Irgendwann können Sie feststellen, wie sich durch das Spiel mit all diesen unterschiedlichen Sinneseinflüssen Yin und Yang so verbinden lassen, daß beide Qualitäten in manchen Augenblicken fließend ineinander übergehen, so daß sie beides kaum noch voneinander trennen können.

In solchen Situationen sind Ihre beiden Gehirnhälften (die auch für Yin und Yang stehen) hundertprozentig koordiniert. Es ist ein Zustand besonderer Kreativität, der sich ausgezeichnet zur Ideensuche, aber auch für musische Hobbys nutzen läßt. Außerdem werden die Gedanken beschleunigt, Assoziationen gefördert, und man kommt unter solchen Umständen zu besonders guten Ergebnissen.

Energiebeziehungen in der Umwelt

Auch in der Natur oder in unserer Umgebung sind die beiden Pole überall in bestimmten Mischungen vorhanden. Man wird sie nie ganz trennen können, obwohl sie häufig so unterschiedlich erscheinen.

Dies rührt daher, daß ein Stoff oder Gegenstand immer in Beziehung zu etwas anderem Yin oder auch Yang sein kann, nicht aber für sich allein.

Lam Kam Chuen beschreibt dieses Phänomen etwa so: Gebäude repräsentieren Yang – in ihrer Festigkeit und Stabilität im Verhältnis zu den wie zufällig wechselnden Wolkenformen am Himmel. Doch in Beziehung zu den zielstrebig sich bewegenden Menschen einer Großstand stellen sie Yin dar. Auch gibt es Silhouetten, die je nach Standort Vordergrund sind und insofern Yang repräsentieren, während andere Konturen für den Betrachter im Hintergrund stehen und deshalb Yin bilden. Im Verhältnis zu ihren eigenen Schatten sind sie aber wieder Yang usw. Die Analyse des jeweiligen Beziehungsgeflechts ließe sich in einer endlosen Kette fortsetzen.

Die Chinesen haben traditionell ein sehr tiefes Naturverständnis. So gibt es recht genaue Vorstellungen davon, wie die optimale landschaftliche Umgebung aussehen sollte, in der man wohnen oder sich niederlassen kann.

Darin liegt ein Schlüssel zur Beurteilung verschiedener Alltagssituationen. Die überlieferte Idealstruktur sieht so aus, daß hinter dem Haus, am besten im Norden, ein massiver Schutzwall in Form eines kompakten Bergrückens vorhanden ist. Dabei spricht man von einer Schildkrötenformation. Im Osten, wo die Sonne aufgeht, befindet sich eine etwas flachere, dennoch aber ebenfalls beachtliche Erhebung, die sprichwörtlich als Drache angesehen wird, während auf der anderen Seite, im Westen, wo die Sonne untergeht, wiederum ein Berg zu finden ist, der die dritthöchste Erhebung darstellt und Tiger heißt.

Vor dem Haus selbst breitet sich in dieser Szenerie ein flacher Bereich oder gar eine Senke aus, wo Chinesen gerne einen Teich mit schwimmenden Lotusblumen anlegen.

Etwas weiter vom Haus entfernt darf es nach Süden auch noch eine sanfte Erhebung geben. Diese Seite hat den romantischen Namen Phönix und bezeichnet einen Paradiesvogel.

Es handelt sich hier um eine archetypische Landschaft, die auf der Annahme beruht, daß sich in der Richtung des Sonnenaufgangs (Osten) die elektromagnetische Kraft der Erde befindet – daher Drache. Folglich soll der Berg oder Hügel dort größer als auf der anderen Seite sein, wo die Sonne untergeht (Westen). Der Rücken bedarf eines mächtigen Schutzes, wie er durch den Glücksbringer Schildkröte repräsentiert wird. Und nach vorne hin (Süden) genießen die Bewohner des Hauses einen Aus-

Die Landschaft des Hauses

blick, wie ihn der sagenhafte Vogel (aus der Höhe) besitzt.

In gewisser Hinsicht gleicht diese Anordnung auch einem Sessel mit einer Lehne, zwei Armstützen und einem Fußschemel – eine Hauslage, die für optimale Bequemlichkeit spricht, gleichzeitig aber auch ein Gefühl von Sicherheit und Geborgenheit vermittelt.

Im gedanklichen Transfer läßt sich diese Anordnung so verallgemeinern, daß man daraus ein grundsätzliches Arrangement für Einrichtungen konstruieren kann.

Sie können auf diese Weise Raumecken oder ein ganzes Zimmer gestalten, indem Sie die Höhenunterschiede der Möbel für Schildkröte, Drache, Tiger,

Ideale Landschaftsstruktur: Hinten der Schutz durch die hohe Schildkrötenformation, rechts im Berg die elektrische Drachenkraft, links der kleinere Tiger und vorn die sanfte Erhebung des Phoenix

Phönix einsetzen. Wenn in späteren Kapiteln die Sprache auf die einzelnen Räume kommt, werden Sie erfahren, daß es vorteilhaft ist, eine schützende Wand hinter sich zu haben und eine Sitzgruppe nur unter besonderen Bedingungen frei im Raum stehen sollte.

Doch die gedanklichen Übertragungsmöglichkeiten gehen noch weiter. Sie können beispielsweise eine Neubausiedlung, in die Sie oder eine befreundete Person ziehen wollen, in diesem Sinne analysieren. Denn auch Häuser im Hintergrund können als Bergrücken dienen und gleichsam eine Schildkrötenformation darstellen. Es gibt andere Gebäude, die den Drachen oder den Tiger simulieren, und ein Platz mit vorgelagerten Pavillons, in denen sich Geschäfte befinden, steht vielleicht für den Phoenix. Dabei sollte ein Haus von höheren Gebäuden im weiteren Umfeld stets Flankenschutz bekommen. Die Höhenunterschiede dürfen aber auf keinen Fall erdrückend wirken.

Landschaftliche Tiefensymbolik

Beispielhaft sollte man sich einmal mit dem Bild des Drachens auseinandersetzen, der als mythische Figur häufig mißverstanden wird. Vor allem im Abendland symbolisiert er das Dämonische, Beunruhigende usw. Seit alters her steht er aber auch für die Schlangenenergie, die bewußt oder unbewußt eigentlich immer mit der bio-elektrischen Kraft im Menschen und mit der „Feld-Energie" der Umgebung gleichgesetzt wurde. Um in der chinesischen Begriffswelt zu bleiben: Es geht um ein besonders nachhaltig elektrisierendes *Chi*, das sicher unheimlich ist, sich aber zähmen und kultivieren läßt. Körperlich ist der Drache mit dem *Kundalini* aus Yoga-Systemen wie dem erotisch betonten Tantra zu vergleichen (die sagenhafte Kraft am Grunde der Wirbelsäule, in der Kreuzbeingegend), das am Rückgrat entlangäuft.

Da man in alten Zeiten weniger abstrakt, dafür sehr bildhaft gedacht hat, spielte der Drache in China eine bedeutende Rolle.

Dennoch steht natürlich ein Prinzip, und nicht ein leibhaftiger Drache hinter dem Symbol. Und so wird man bei uns wohl künftig mehr Verständnis dafür haben, daß es in Hongkong ein Hochhaus gibt, in dem ein riesiges „Loch" ohne Bausubstanz freigelassen wurde, damit der Drache dort vom Berg her freien Zugang zum Wasser hat.

**Die Kraft
des Drachens**

Bewußtheit der Elemente

Die Lehre von Yin und Yang, die Gestalten von Schildkröte, Drache, Tiger und Phönix bilden ebenso wie die Lehre von den fünf Naturelementen die fundamentalen Prinzipien im Feng Shui – sozusagen, das „Grundgesetz" oder die *Verfassung* dieses Systems. Doch was hat es eigentlich auf sich, wenn in der chinesischen Medizin (etwa in der Akupunktur), in der Philosophie oder auch beim Feng Shui immer wieder von fünf Elementen die Rede ist?

Beziehungs-strukturen in Gestalt und Materie

Das heutige Weltbild im Westen baut im wesentlichen auf dem naturwissenschaftlichen Ordnungssystem auf, das unseren Lebensraum vor allem physikalisch und chemisch zu erklären versucht. Zu anderen Zeiten war man dagegen bemüht, die Umwelt eher energetisch, also in ihrer Dynamik zu erklären. Das heißt, man versuchte zu verstehen, welches Prinzip jeweils zusammen mit einem anderen etwas bewirken kann.

Die Wissenschaft der Antike brachte eine Elementelehre hervor, die bereits die vier Aggregatzustände der Materie einbezog, wie wir sie aus der heutigen Wissenschaft kennen.

Materielle Tradition des Abendlands

Im westlichen Elementesystem finden wir *Erde* für den festen Aggregatzustand, *Wasser* für den (kühlen) flüssigen Zustand, *Luft* für den gasförmigen und *Feuer* für den plasmatischen, also (heißen) flüssigen Zustand, wie er zum Beispiel im Erdinnern herrscht. Damit verbunden sind unzählige symbolische Bedeutungen mit einem enormen Bilderreichtum, der in teils mystisch inspirierten Systemen überliefert ist.

Die chinesische Überlieferung kennt ebenfalls Elemente, und drei haben sogar einen ähnlichen Namen wie die Elemente der Antike.

Doch handelt es sich bei den chinesischen um fünf ursprünglich abstrakte, dynamische Prinzipien. Sie durchdringen allerdings die stofflichen und beim Menschen auch die geistigen Zustände, denen sie zugeordnet werden, auf eine Art und Weise, daß wir ihnen auf Schritt und Tritt begegnen. Traditionell werden sie als *Feuer, Erde, Metall, Wasser und Holz* bezeichnet.

Abstrakte Zusammenhänge

Dahinter stehen folgende existenzielle Vorgänge:

1. *Verdichtung* für das Element Erde (ausgeprägt etwa im Stein);
2. *Trennung/Unterscheidung* für das Element Metall (Beispiel Heimwerkersäge);
3. *Bewegung* für Wasser (zum Beispiel Wellen durch Luftbläschen im Aquarium);
4. *Wachstum* für Holz (etwa der Trieb eines Baums);
5. *Verwandlung* für Feuer (Scheite verbrennen im Kamin zu Asche).

Diese Elemente kommen überall in unserer Umgebung vor, und sie sind im übertragenen Sinne auch in uns selbst präsent. Der Überlieferung nach gibt es einen generativen Kreislauf, in dem ein Element jeweils in einer ganz bestimmten Logik das nächste hervorbringt bzw. es *nährt* und *unterstützt*.

Danach erzeugt das Feuer Erde, so wie vor Millionen Jahren die Erdkruste aus einem feurigen Ball hervorgegangen ist. Erde bringt wiederum Metall hervor, deshalb findet man im Erdinneren Erzlager.

Geburtenfolge der Elemente

Überraschend erscheint die Vorstellung, daß Metall Wasser erzeugt. Das erklärt sich daraus, daß Eisen oder andere Metalle in der Bearbeitung Schmelzpunkte haben, bei denen sie sich verflüssigen lassen.

Im folgenden Elementvorgang ruft Wasser Holz hervor. Denn selbst die Wüste fängt während der Regenzeit zu blühen an, und jedes Kultivieren von Ödland erfolgt durch Wasser.

Der generative Kreislauf

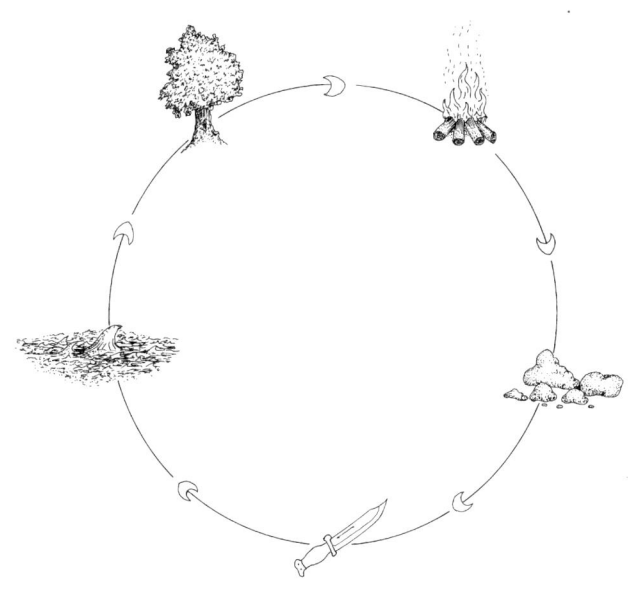

Offenbarungsform dynamischer Prinzipien

Holz bringt schließlich Feuer hervor. Jedermann weiß, wie leicht in bestimmten Gegenden Wälder sogar durch Selbstentzündungsprozesse abbrennen.

Die genannten Zusammenhänge lassen sich auch abstrakt darstellen: Verwandlung (Feuer) führt zu Verdichtung von Prozessen (Erde). Die Verdichtung wird schließlich so stark, daß sich daraus eine Differenzierung der Prozesse ergibt (Metall). Sie sorgt dafür, daß Dinge in Bewegung kommen oder sich auflösen (Wasser). Daraus ergibt sich ein Zustand geringer Dichte, der immer schnellere Bewegung möglich macht, was zu Wachstum führt (Holz). Und schließlich erreicht das Wachstum einen Grad an Intensität, daß ein Niveau- oder Qualitätssprung erfolgt, also wieder Verwandlung (Feuer).

Der destruktive Kreislauf

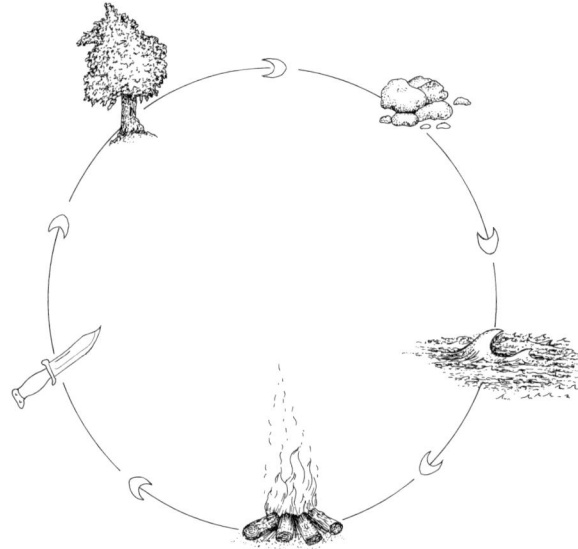

Angreifende Elementbeziehungen

Genauso wie es diesen produktiven Kreislauf gibt, kennen die Chinesen einen destruktiven Zyklus, der in diesem Buch auch als dominierender Kreislauf bezeichnet wird. Während im ersteren immer ein Element das nächste hervorbringt, steht im zerstörenden Zyklus stets ein Element mit dem übernächsten in (hier konflikthafter) Beziehung. So schmilzt Feuer Metall (Hüttenwerk), Metall schneidet Holz (Säge - Baum), und Holz untergräbt Erde (wie die Wurzeln eines Baumes Gestein sprengen können), Erde schüttet Wasser zu (Versandung von Flüssen) und Wasser löscht Feuer (Brandschutz).

Auch dieser Beziehungskreislauf läßt sich abstrahieren. Danach führt Verwandlung (Feuer) dazu, daß Trennung (Metall) seinen Ort wechselt. Das heißt, Grenzen ändern sich, etwa zwischen Ländern (durch Gewalt oder Vereinbarung), aber auch die zwischen Gruppen

(Distanzverhalten) und sogar zwischen begrifflichen Unterscheidungen (wenn man etwas neu versteht).

Trennschärfe (Metall) gewährleistet Kontrolle von Wachstum (Holz). Das wird zum Beispiel sichtbar am ökologischen Gleichgewicht in der Natur, die keine Art überhandnehmen läßt. Jedoch sprengt das Wachstum die Dichte (im Extrem etwa eine Explosion), und schließlich erstickt Dichte Bewegung (alltägliches Beispiel: Autos im Stau).

Für Feng Shui sind die fünf chinesischen Elemente deshalb von Bedeutung, weil sie uns überall begegnen, in der Landschaft, in Architektur und Design, in Dekor und Kleidung.

Wir finden sie wieder in Farben und in Formen oder ästhetischen Mustern. Starten wir mit einer Elementanalyse in Landschaft und Hausgestaltung.

Spitze Berge etwa bilden in der Natur Symbole für Feuer, da sich ihre Zacken mit Flammenzungen vergleichen lassen. Etwas ganz Ähnliches gilt für spitze Hausgiebel und Konturen. Und auch Pyramiden als Extrembeispiele in der Baukunst haben eine ausgesprochene Feuerqualität, was interessanterweise bereits im griechischen Wortstamm von Pyros (= Feuer) deutlich wird. In der Moderne gehören dreieckige Trägerkonstruktionen in diese Kategorie, aber auch andere spitze Konturen, vom modischen Zacken am Marmorbrunnen in einem Einkaufszentrum bis zum spitz geformten Türgriff am Eigenheim. Schließlich wird das Feuerelement durch alle Rottöne und rötlichen Mischfarben symbolisiert und natürlich auch durch Öfen und Kamine.

Erdbauten: Kompakte Form

Flache Hügel, Erdwälle, breite Plateaus – sowohl Hochebenen als auch Tiefebenen – stehen deutlich für Erde. In der Architektur gibt es die wichtigste Entsprechung in Flachbauten und in kastenförmigen Bauformen, also in giebellosen Häusern (man beachte die gestauchte Struktur!). Im Gartenbau sind es vor allem Kieswege oder Steingärten, in der Kunst Steinskulpturen und im Innenausbau schließlich Materialien wie Marmor oder Gips.

Runde Erdhügel symbolisieren Metall. In der Architektur werden Glaskuppeln, Rundbögen, bauchige Konstruktionen, Gewölbe und ähnliches mit Metall assoziiert, weil ihre Rundungen (mit viel Phantasie) an Münzen erinnern. Zum Verständnis: Hartgeld ist bis heute nicht nur ein Tauschmittel aus Metall, es hat auch etwas Trennendes (Abstraktion

Fünfdimensionale Kreativität der Natur im Werden als Wandel

von Metall), da es Unterscheidungen im Wert ermöglicht. Im Innenausbau stehen Stahlträger, metallisch glänzende Materialien, in der Kunst Metallskulpturen, zum Beispiel Bronzeplastiken, für das Element.

Unregelmäßige Bauformen: Assoziationen zu Wasser

Wellenförmige Bergkämme, sanft geschwungene Hügel lassen an Wasser denken. Flußläufe, Seen, Meeresnähe weisen ohnehin auf Wasser hin. In der Architektur gibt es einen neueren Trend zu geschwungenen Dachkonstruktio-

nen, der sich in der früheren Berliner Kongreßhalle (Jargon: „Schwangere Auster") zeigt und auch in vielen anderen Tagungsbauten.

Wasser spielt in maritimer Symbolik mit Schiffahrtsbezug und in künstlerischen Darstellungen von Fischen und Muscheln eine Rolle. Extrem unregelmäßig geformte Silhouetten weisen auf Wasser hin. Und schließlich sind alle geschwungenen Konturen in der modernen Architektur durch das Element Wasser beeindruckt. Das gilt für Fenstersimse aus der Gründerzeit wie für Jugendstilelemente oder auch für moderne Mau-

Bank of China von innen: Die bogenförmigen Gewölbe und Raumanordnungen sind eine eindeutige Entsprechung zum Element Metall

ern, Vorsprünge oder Treppenbegrenzungen, die gelegentlich eine regelrechte Wellenform haben.

Boom-Element Holz

Holz findet seinen Ausdruck in steil aufstrebenden Bauwerken. So symbolisieren fast alle Hochhäuser das Wachstum des Holzelements. Mit einer Spitze auf den obersten Stockwerken kommen allerdings Feueranteile hinzu; in dreieckiger Form wie bei der Bank of China (in Hongkong) repräsentieren solche hoch aufragenden Bauten bereits in weit überwiegendem Maße Feuer. Mittelhohe, kastenförmige Hochbauten erinnern dagegen an einen massiven Felsblock in der Landschaft. Insofern respräsentieren sie wiederum mehr das Prinzip Erde.

Suchen wir weiter nach Manifestationen des Elementes Holz, so sind hier Türme zu nennen, die zu Kirchen oder Schlössern gehören.

Hohe Schornsteine sind gleichfalls Symbole für Holz. Ganz offensichtlich stellen Holzhäuser das Element dar, und bei der Innengestaltung gibt es eine Menge einleuchtender Möglichkeiten, Holz einzusetzen, vom Parkettfußboden, bis zur Deckenvertäfelung. Allgemein wird das Element auch durch die Farbe Grün symbolisiert.

Spitze Giebel symbolisieren Feuer, hoch aufstrebende Häuser besitzen Holzsymbolik

Die Umgebung mit Feng-Shui-Blick sehen

Sie werden jetzt viele Bauwerke bei einem Spaziergang mit ganz anderen Augen wahrnehmen, und Sie werden auch bald wissen, ob die Gebäudeform des Hauses, in dem Sie leben, günstig oder weniger günstig für Sie ist. Damit Sie ein Gespür für diese Zusammenhänge bekommen, zuvor noch ein paar Erläuterungen zum generativen und destruktiven Kreislauf und zur Wechselwirkung der Elemente-Einflüsse.

Hoch aufragende Häuser (Holz) finden Unterstützung von unregelmäßig geformten Fassaden (Wasser). Sie ziehen von dort Energie an.

Steht ein hypermodernes Haus mit geschwungenen Formen (Wasser) zwischen Flachbauten (Erde), wird es von deren Energie förmlich zugeschüttet.

Dächer mit Kuppeln, Fassadenteile mit bauchigen Rundbögen, Erker mit Zwiebeldächern nähren ein Haus mit Wassersymbolik, da sie für Metall stehen.

Manchmal kommt es vor, daß zum Beispiel ein spitzwinkliges Element (Feuer) in einen Flachbau integriert ist (Eingang oder Fensterverzierungen). In dem Fall beziehen die übrigen Gebäudeteile

Die City-Bank (links im Bild) repräsentiert in ihrer rund geschwungenen Fassade Metall, die Bank of China (rechts) steht dagegen für Feuer

(Erde) Energie von dem architektonisch hervorgehobenen Bereich. Denn Feuer bringt hier Erde hervor.

Geldflußsymbolik im Element

Bogenförmige Elemente an einem gedrungenen Erd-Haustyp (zum Beispiel Fahrstuhltrakt an der Außenwand) beziehen Energie vom eigentlichen Gebäude, bekommen eine Art *Sonderstatus*. Das wiederum bedeutet beim Treppenhaus, daß es über besonders viel Energie verfügt. Dadurch ergeben sich zwei Konsequenzen: Erstens werden hierdurch Besucher eventuell angezogen, und zweitens, ist möglicherweise ein ständiger Geldfluß nach innen und außen vorhanden. Der Grund liegt darin, daß Metall unter anderem auch für Münzen, also Geld, steht.

Wenn dieses Gebäude höher ist als die Häuser in seiner Umgebung, wird es gegenüber der Umgebung dominieren und daher Geld eher anziehen. Ist es niedriger, werden die Bewohner eher Zahlungskraft nach draußen abgeben. Denn der Aufzugtrakt wirkt hier unter Umständen wie ein Energietransmitter.

Schließlich noch ein Beispiel, das für eine ganze Reihe vergleichbarer Möglichkeiten steht: In einer Umgebung mit Kuppeln und Rundbögen werden spitze

Einzelkonturen (Erker, Giebeltürmchen) auf das Gesamtarrangement zunächst einschränkend wirken (Feuer greift Metall an). Dabei spielt allerdings eine Rolle, wie stark sich solche Architekturelemente ins Blickfeld drängen. Ein wenig Feuer kann das Metall in einem übertragenen Sinne *geschmeidiger* machen. Dieser quantitative Aspekt ist bei allen Elementebeziehungen zu berücksichtigen.

Der sanfte Übergriff eines Elements

Feng-Shui-Autorin Lilian Too, in Malaysia geboren, in den USA aufgewachsen, wo sie auch an der Harvard-Universität studiert hat, spricht davon, daß es regelrecht zu *Veredlungsvorgängen* im ursprünglich destruktiven Zyklus kommen kann. Beachten Sie also immer die Proportionen. Von ihnen und von Ihrem persönlichen gefühlsmäßigen Eindruck hängt es ab, ob Elemente bei Häusern untereinander oder bei stilistischen Komponenten innerhalb einer Gebäudestruktur sich unterstützen und gegenseitig aufbauen (nährender Zyklus), oder ob sie sich im destruktiven Kreislauf tatsächlich erheblich stören.

Bleiben oder Flucht nach vorne

Sollte ein problematisches Energiegefälle zur Nachbarschaft bestehen, wird es generell darauf ankommen, das Energiepotential Ihrer Wohnung erheblich zu stärken (Näheres dazu in den folgenden Kapiteln).

Nur im Extremfall macht es Sinn, wegen der Häuser in der Nachbarschaft auszuziehen und sich andere vier Wände zu suchen. Bevor man sich zu so einem Schritt entschließt, sollte vor allem geklärt werden, wie günstig die eigene Wohnung aufgrund der Himmelsrichtung positioniert ist. Der persönlichen Energie eines Menschen in Bezug auf die einzelnen Himmelsrichtungen ist eine ganze Kapitelfolge gewidmet.

Falls Sie in einer Wohnung leben, die unter Berücksichtigung komplexer Feng-Shui-Kriterien letztlich günstig für Sie ist, werden Sie es sich bestimmt genau überlegen, diese zu verlassen, nur weil eine (wenn auch bedeutsame) Einzelkomponente nicht ganz ideal ist. Selbst, wenn sich an einem anderen Standort noch viel positivere Perspektiven eröffnen könnten, spricht die heutige Situation auf dem Wohnungsmarkt doch in vielen Fällen gegen einen Wechsel.

Das Energiegefälle zur Nachbarschaft überprüfen

Persönliche Elemente – die nächste Feng-Shui-Dimension

Genauso wie sich Häuser den fünf chinesischen Elementen zuordnen lassen, haben Sie selbst entsprechend Ihrem Jahrgang ein ganz persönliches Element, außerdem auch noch eines aufgrund Ihrer Geburtsstunde. Das ist wichtig für die Frage, wie Sie dem generativen und destruktiven Zyklus zufolge zu dem Haus passen, in dem Sie leben. Bei der Umfeld-Analyse Ihrer Wohnsituation kommen diese Aspekte hinzu.

Wie bei allen anderen Untersuchungsinstrumenten richtet man sich dabei in erster Linie nach den Daten der Person, die den größten Anteil am Haushaltseinkommen erwirtschaftet. Sie werden diesem Grundgedanken auch an anderer Stelle wieder begegnen.

Lesen Sie das Element Ihres Geburtsjahrgangs aus den Tabellen (S. 46 f.) ab, denen jeweils der wechselnde chinesische Jahresbeginn nach dem Mondkalender zugrundegelegt ist. Sie können hier auch die Daten von Eltern und Großeltern zurückverfolgen und deren häusliche Situation einschätzen.

Aus den beiden Tabellen erkennen Sie Ihr spezielles Jahres- und Geburtsstunden-Element. Besonders günstig ist es, wenn eines der beiden Elemente das andere im generativen Kreislauf hervorbringt. Das ist etwa der Fall, wenn Sie vom Jahres-Element her Feuer sind und vom Geburtsstunden-Element Erde. Dies bedeutet in den meisten Fällen, daß man ein ausgesprochen selbstgenügsamer Mensch ist. Zur Not kann man sich auch selbst Bestätigung geben. Man ist besser als andere in der Lage, auch mal allein zu sein, aus den eigenen Quellen zu schöpfen, in sich zu ruhen usw.

Elemente zum Persönlichkeitsausgleich

Etwas problematischer kann es schon sein, falls man zwei identische Elemente in sich vereinigt. Zwar kann es einerseits bedeuten, daß man gewisse Stärken hat – bei doppelt Erde zum Beispiel einen ausgeprägten Realismus, bei zweifach Metall wahrscheinlich eine besondere Klarheit. Doch leicht neigt der Betreffende dann auch zu Extremen oder Einseitigkeiten. Da kann es bei einer starken Erdausprägung zum Beispiel recht auflockernd sein, sich zu Hause mit viel Grün (Zimmer- und Balkonpflanzen) zu umgeben.

So läßt sich in dem Fall eventuell ein bestimmter Hang zur Nüchternheit überwinden. Ob man aber unbedingt in einem Hochhaus wohnen sollte, ist noch die Frage. Es kommt dann auf zusätzliche Element-Bedingungen an, die Sie im Kapitel „10-Punkte-Komfort-Meßsystem"(S. 60ff.) noch kennenlernen werden. Gleichzeitig ist aber auch festzustellen, daß eine Holz-Umgebung Ihnen viel weniger anhaben kann als jemandem, der Erde in einfacher Ausprägung mitbekommen hat.

Entsprechendes gilt bei den anderen Elementen. Eine Person, die zweifach Metall repräsentiert, kommt bei Feuer kaum ins Schwitzen, wird also durch starke Emotionen nicht so leicht weich. Andererseits könnte es sein, daß sie zu einem unterkühlten Wesen neigt. Und in dem Fall müßte sie selbst herausfinden, ob sie sich zum Beispiel in Feuer-Häusern

(mit spitzen Dächern) oder in der Nähe von Kaminen wohl fühlt. Den Test wird der Betreffende in der Regel erst einmal im Freundes- und Bekanntenkreis machen, bevor er sich dauerhaft einem Element aussetzt, das ihn dominieren könnte.

Komplizierter ist es eigentlich, wenn jemand zwei sich widersprechende Elemente in einer Person vereinigt. Dann trägt sie oder er den destruktiven Kreislauf sozusagen in sich. Das könnte beispielsweise damit zu tun haben, daß man leichter mit sich unzufrieden ist.

Nehmen wir an, jemand ist Holz und Metall. Dann möchte sie oder er eigentlich laufend Pläne verwirklichen, unterzieht diese aber ständig einem Säurebad der Selbstkritik.

Und wenn es ganz hart kommt, macht diese Person das nicht mit sich selbst ab, sondern projiziert es auf andere. Sie werden dann regelrecht zu *Empfängern*, die die innere Kritiklust des anderen aufnehmen.

Dennoch muß auch eine solche Prägung durch Elemente kein dauerndes Problem sein. In der Regel wird es darauf ankommen, das angegriffene Element in sich selbst zu stärken oder das angreifende Element ein wenig zu bremsen (zu veredeln).

**Prägende
Elemente
erkennen
und veredeln**

Elementezuordnung nach den chinesischen Geburtsjahren

31. Jan. 1900 Metall	20. Feb. 1920 Metall
19. Feb. 1901 Metall	8. Feb. 1921 Metall
8. Feb. 1902 Wasser	28. Jan. 1922 Wasser
29. Jan. 1903 Wasser	16. Feb. 1923 Wasser
16. Feb. 1904 Holz	5. Feb. 1924 Holz
4. Feb. 1905 Holz	25. Jan. 1925 Holz
25. Jan. 1906 Feuer	13. Feb. 1926 Feuer
13. Feb. 1907 Feuer	2. Feb. 1927 Feuer
2. Jan. 1908 Erde	23. Jan. 1928 Erde
22. Jan. 1909 Erde	10. Feb. 1929 Erde
10. Feb. 1910 Metall	30. Jan. 1930 Metall
30. Jan. 1911 Metall	17. Feb. 1931 Metall
18. Feb. 1912 Wasser	6. Feb. 1932 Wasser
6. Feb. 1913 Wasser	26. Jan. 1933 Wasser
26. Feb. 1914 Holz	14. Feb. 1934 Holz
14. Feb. 1914 Holz	4. Feb. 1935 Holz
3. Feb. 1916 Feuer	24. Jan. 1936 Feuer
23. Jan. 1917 Feuer	11. Feb. 1937 Feuer
11. Feb. 1918 Erde	31. Jan. 1938 Erde
1. Feb. 1919 Erde	19. Feb. 1939 Erde

Stundenzeiten der Geburtenelemente (nach Lilian Too)

23.00 Uhr bis 1.00 Uhr Holz	11.00 Uhr bis 13.00 Uhr Metall
1.00 Uhr bis 3.00 Uhr Holz	13.00 Uhr bis 15.00 Uhr Metall
3.00 Uhr bis 5.00 Uhr Feuer	15.00 Uhr bis 17.00 Uhr Wasser
5.00 Uhr bis 7.00 Uhr Feuer	17.00 Uhr bis 19.00 Uhr Wasser
7.00 Uhr bis 9.00 Uhr Erde	19.00 Uhr bis 21.00 Uhr Wasser
9.00 Uhr bis 11.00 Uhr Erde	21.00 Uhr bis 23.00 Uhr Wasser

Elementezuordnung nach den chinesischen Geburtsjahren

27. Jan. 1941	Metall		6. Feb. 1970	Metall
15. Feb. 1942	Wasser		27. Jan. 1971	Metall
5. Feb. 1943	Wasser		16. Jan. 1972	Wasser
25. Jan. 1944	Holz		3. Jan. 1973	Wasser
13. Feb. 1945	Holz		23. Jan. 1974	Holz
2. Feb. 1946	Feuer		11. Feb. 1975	Holz
22. Jan. 1947	Feuer		31. Jan. 1976	Feuer
10. Feb. 1948	Erde		18. Feb. 1977	Feuer
29. Jan. 1949	Erde		7. Feb. 1978	Erde
17. Feb. 1950	Metall		28. Jan. 1979	Erde
6. Feb. 1951	Metall		16. Feb. 1980	Erde
27. Jan. 1952	Wasser		5. Feb. 1981	Metall
14. Jan 1953	Wasser		25. Jan. 1982	Wasser
3. Feb. 1954	Holz		13. Feb. 1983	Wasser
24. Jan. 1955	Holz		2. Feb. 1984	Wasser
12. Jan. 1956	Feuer		20. Feb. 1985	Holz
31. Jan 1957	Feuer		9. Feb. 1986	Feuer
18. Feb. 1958	Erde		29. Jan. 1987	Feuer
8. Feb. 1959	Erde		17. Feb. 1988	Erde
28. Jan. 1960	Metall		6. Feb. 1989	Erde
15. Feb. 1961	Metall		27. Jan. 1990	Metall
5. Feb. 1962	Wasser		15. Feb. 1991	Metall
25. Jan. 1963	Wasser		4. Feb. 1992	Wasser
1. Feb. 1964	Holz		23. Jan. 1993	Wasser
2. Feb. 1965	Holz		10. Feb. 1994	Holz
21. Jan. 1966	Feuer		31. Jan. 1995	Holz
9. Feb. 1967	Feuer			
30. Jan. 1968	Erde			
17. Feb. 1969	Erde			

Element-Prozessing bei attackierender Eigenschaft

Stärken Sie bei persönlichen Element-Diskrepanzen in sich selbst zunächst den defensiven Part. Leisten Sie dies dadurch, daß das angegriffene Element aufgrund von Umgebungsvariablen Unterstützung im hervorbringenden Kreislauf empfängt.

Für den Fall, daß Sie zum Beispiel die Elemente Feuer und Wasser in sich haben, so stärken Sie Feuer durch Holz (in Form von Bäumen, Blumen, Deckenvertäfelung, Holzfußboden).

Geben Sie dem angegriffenen Element ein vertrautes Milieu, in dem es sich selbst findet. Bleiben wir beim Fall Wasser und Feuer: Hier helfen dem labilen Feuer Rottöne, zum Beispiel in Polsterbezügen, Tapeten usw. Das Feuernaturell erkennt sich darin selbst wieder.

Bringen Sie – falls notwendig – das angreifende Element unter sanfte Kontrolle. Dies geschieht, indem Sie es seinerseits im destruktiven Kreislauf einem leicht dominierenden Einfluß aussetzen. Gehen Sie damit aber wirklich vorsichtig um. In Frage kommt dies vor allem, wenn eines Ihrer persönlichen Elemente das andere angreift, und wenn zum Beispiel auch noch der Typ des Hauses, in

Den defensiven Part in sich selbst stärken

dem Sie wohnen, dieselben angreifenden Eigenschaften hat. Handelt es sich um **Wasser, das zu regulieren** ist, wird man Umgebungsanteile mit Erdbezug einführen, zum Beispiel verstärkt Braun- und Gelbtöne, Natursteinauskleidung (etwa an Küchenwänden), eine Kristallsammlung in der Vitrine, ferner Ton- und Terrakottamaterial.

Für den Fall, daß Sie **Holz zu kontrollieren haben**, so geschieht das, indem Sie Metall verstärken, etwa in Form von Chromgestellen, Metallregalen, Chrom- oder Alurahmen für Bilder, Messingteilen, Metallic-Tapeten usw.

Feuer-Ausgleich erfolgt durch Wasser: Blaue Farbe an den Wänden, bläulicher Teppichboden, Aquarien, Zimmerbrunnen, Wasserfallbilder.

Erd-Regulierung erreichen Sie durch Holz – denken Sie daran, daß zum Beispiel auch Bücher Holz darstellen, da Papier aus Holz gewonnen wird. Auch Tische, Schränke, Sitzmöbel sind in den allermeisten Fällen holzbetont. Daher wird ein angreifender Erdeinfluß meist bereits durch Möblierung reguliert.

Metall kontrollieren Sie, indem Sie Feuer einsetzen – einen offenen Kamin oder Kaminofen, Samowar, Lampen, Kerzen, Rottöne usw. Durch Heizkörper und Innenbeleuchtungen ist in fast jeder

Wohnung auch ein bestimmter Anteil des Metall-kontrollierenden Elementes ganz natürlich vorhanden.

Besondere Element-Kontrolle sollte man dann ausüben, wenn eines der eigenen Elemente gleich mehrfach angegriffen wird. Nehmen wir beispielsweise an, Sie haben das Jahrgangs-Element Holz und als persönliches Element der Geburtsuhrzeit Metall. Außerdem wohnen Sie auch noch in einem Haus mit Kuppeldach und freiliegenden Metallträgern im Inneren, das vielleicht außen noch eine Metallkonstruktion als Laubengang hat. Ihr eigener innerer Metall-Anteil wird sich dabei relativ wohlfühlen und die Gesamtpersönlichkeit wahrscheinlich auch schützen.

Es könnte aber sein, daß jemand in einer solchen Szenerie zum Zyniker und Zweifler wird.

Denn aufgrund der trennenden Eigenschaften von Metall geht man zu allem und jedem viel schneller auf Distanz, auch zu sich selbst. Außerdem besteht ein erhebliches Risiko, daß der innere Holz-Anteil der Persönlichkeit verarmt. Man wird sich oft buchstäblich beschnitten fühlen; sei es, daß einem die Anerkennung im Job versagt wird, im Liebesleben Konkurrenz das Leben schwer macht oder daß einfach keine Zeit zum Durchatmen bleibt, weil man sich irgendwann wahrscheinlich heftig überfordert fühlt.

Da wird es geradezu auf der Hand liegen, Metall im Umfeld stärker zu kontrollieren und das Holz durch Wasser-Einflüsse zu unterstützen, um das eigene Wachstumspotential im Leben mehr zu entwickeln.

Konkret könnte dies zum Beispiel geschehen, indem man Metallträger unter Putz legt oder sie auf andere Weise verdeckt. Viel Wasser-Symbolik wird das persönliche Element Holz vor allem stärken. Zusätzlich sollte man noch große Palmen in die Zimmer stellen.

An dieser Stelle gleich ein Tip zur Innenraum-Begrünung: Setzen Sie scharfblättrige Pflanzen wie Yucca-Palmen sparsam ein, denn die Blätter erinnern entfernt an Messer. Manche Feng-Shui-Lehrer meinen daher, daß die Yucca-Palme generell etwas Aggressives im Wesen hätte. Sinnvoll kann ihre Plazierung allerdings dort sein, wo in Räumen und/oder in der Persönlichkeit eine Holz-Überbetonung vorherrscht. Pflanzen dieser Art brauchen Platz, einen bestimmten *Energieraum*, der zuläßt, daß sie eine positiv regulierende Funktion entwickeln und nicht zu dominierend in Erscheinung treten.

Erfolgreiche Element-kontrolle ausüben

Steine eignen sich hervorragend, das Element Erde im Haus einzusetzen. (Bestelladressen finden Sie am Ende des Buches). Grundsätzlich sollte bei Steinen aber darauf geachtet werden, daß sie auch nicht im Entferntesten an Grabplatten erinnern.

Ihre Schritte im Element-Prozessing I

■ Identifizieren Sie anhand der Jahrgangstabelle (S. 46 f.) Ihr grundlegendes Element.

■ Finden Sie mit Hilfe der Tabelle der Geburtszeiten (S. 46) Ihr auf diese Daten bezogenes Element heraus.

■ Vergleichen Sie die Elemente. Ermitteln Sie Überbetonungen, sich gegensei-

Steine sind ein besonders schönes Mittel, das Element Erde einzusetzen

tig unterstützende Element-Beziehungen oder Unverträglichkeiten.

■ Ermitteln Sie das Element des Hauses, in dem Sie leben, und stellen Sie seine Beziehung zu Ihren persönlichen Elementen fest. Empfinden Sie das Haus als wohltuend oder nicht?

■ Benutzen Sie der Übersichtlichkeit halber einen Zettel und farbige Filzstifte. Wählen Sie für jedes Element einen Stift in der entsprechenden Farbe.

■ Notieren Sie sich schon einmal, wie Sie ein persönliches Element, das sich in der Defensive befindet, fördern wollen – vor allem durch unterstützende Elemente, die es im hervorbringenden Kreislauf nähren (zum Beispiel bei Feuer bestimmte Holz-Elemente, bei Wasser Gegenstände aus Metall usw.).

■ Denken Sie auch drüber nach, wie Sie Ihre Umgebung zusätzlich mit Merkmalen versehen können, die zum persönlichen Element selbst gehören (bei Erde gelbe und braune Farbtöne, vielleicht auch Terrakottavasen, bei Holz Blumen, Bäume, Kiefernmöbel usw.).

■ Machen Sie sich zu diesen Dingen Notizen. Warten Sie mit zeitlich aufwendiger Umsetzung jedoch, bis Sie in einem späteren Kapitel auch noch die Elemente von Raumabschnitten und andere Zusammenhänge erfahren haben.

Ihr Glück nach der Kompaßnadel

Sie werden feststellen, daß der sichere Umgang mit den Elementen das Einmaleins des Feng Shui ist. Um richtig auf gegebene räumliche Situationen reagieren zu können, werden Sie es einsetzen müssen wie ein Küchenchef die Gewürze. Und sobald Sie positive Entwicklungen bewirken wollen, setzen Sie das Wissen um die Elemente ein.

Es beginnt damit, daß Sie Ihre Sitz- und Schlafrichtung, Hauseingänge und anderes an den für Sie positiven Himmelsrichtungen orientieren. Denn auch die Himmelsrichtungen sind den Elementen zugeordnet, die Sie inzwischen bereits kennen. Doch wenn Sie erst die Geheimnisse verstehen, die Ihnen ein Kompaß offenbart, können Sie mit diesen Dingen umgehen wie eine Künstlerin oder ein Künstler. In bestimmter Hinsicht ist all das geradezu „magisch". Gehen Sie mit auf diese Entdeckungsreise.

Wenn bei uns im Westen Menschen eine Wohnung besichtigen, für die sie sich interessieren, wird häufig gefragt, ob die Hauptfensterfront oder der Balkon nach Süden zeigt. Von der Südlage erwartet man sich Sonne und Helligkeit in der Wohnung.

Es handelt sich dabei um ein vages Bewußtsein, daß Himmelsrichtungen etwas mit Wohlfühlen, positiver oder negativer Energie zu tun haben. Wer dann noch eine besondere Naturverbundenheit besitzt, hat meist auch eine besondere Sensibilität für die Himmelsrichtung. Man ahnt, von wo ein Unwetter zu erwarten ist und andere, nicht näher zu bestimmende Unbilden drohen. Doch worum es sich genau handelt, können die wenigsten sagen. Persönlichkeiten, die sich im Lauf ihres Lebens viel mit Kraftorten beschäftigt haben, meinen, es komme darauf an, von welcher Seite man sich ihnen nähert, um eine positive Ausstrahlung zu erfahren, die den Menschen mit Energie auflädt.

Die Chinesen, die schon seit alters her ein tiefes Verständnis dieser Zusammenhänge haben, entwickelten die sogenannte Kompaßschule im Feng Shui. Es ist ein hoch entwickeltes und differenziertes System, das Himmelsrichtungen bestimmte Qualitäten zuschreibt, die sich offenbar auf Gesundheit, Wohlbefinden, geschäftliche Prosperität, berufliche Leistungskraft und sogar auf harmonische zwischenmenschliche Beziehungen auswirken. Wer einmal Erfahrungen damit gemacht hat, wird feststellen, daß ihre Ergebnisse in einem Umfang zutreffen, wie man es sich nie hat träumen lassen. Am Anfang ist es einfach eine unterhaltsame Angelegenheit, sich die Himmelsrichtungen zu vergegenwärtigen. Aber schon dann, wenn Sie die ersten Möbel, Bilder oder Glückssymbole nach diesen Kriterien zu plazieren beginnen, werden Sie feststellen, daß Sie sich in Energiebeziehungen einschalten, die schon bald auf Sie zu wirken beginnen. Es ist der Erdmagnetismus, der seine polarisierenden Botschaften in Ihrem Körper und Bewußtsein hinterläßt. Sie sensibilisieren sich für die Energieströme des Globus, und das kann mit der Zeit zu spannenden und faszinierenden Erkenntnissen für Sie führen. Denn Sie werden feststellen, daß es aufgrund dieser übergeordneten Energie-Einflüsse in Ihrem häuslichen Umfeld, Ecken, Winkel und Richtungen gibt, die unterstützend auf Sie wirken und andere, die Ihre Kräfte lähmen.

Sensibilisieren Sie sich für die Energieströme der Erde

Elementare Richtungen

Es handelt sich hier um eine *archetypische Botschaft*, die aus der Richtung hervorgeht.

Unter anderem ergeben sich folgende Beziehungen zu den fünf Elementen: Der Norden entspricht dem *Wasser*, der Nordosten steht für *kleine Erde* (wie ein Hügel), der Osten für *großes Holz* (Baum oder Wälder), Südosten gleich *kleines Holz* (ein Zweig), Süden bedeutet *Feuer* wie die Sonne, Südwesten *große Erde* (wie der Globus), der Westen hat eine Qualität wie *kleines Metall* (etwa ein Messer) und der Nordwesten heißt nach der Überlieferung *großes Metall* (wie ein Erzvorkommen).

Erde, Holz und Metall kommen jeweils als massive (große) Form und als feine Ausprägung (kleine Form) vor. Diese Unterscheidung hat, wie wir später sehen werden, eine interessante praktische Bedeutung. Wasser und Feuer, die beiden jeweils nicht greifbaren Elemente, sind nur in einer einzigen Grundausprägung vorhanden.

Für das Verständnis der Zusammenhänge ist eine weitere Zuordnung der Himmelsrichtungen sehr wichtig, die sich aus der Beziehung zu dem jahrtausendealten chinesischen Orakelsystem

„I Ging" ergibt. Als philosophisches Konzept bilden Feng Shui und I Ging letztlich eine Einheit.

Das I Ging besteht aus 64 Grundmustern des Lebens, die in Sequenzen durchgehender und unterbrochener Linien logisch kodiert sind und bei jeder Antwort eine andere Reihe von sechs übereinander angeordneten Linien bilden. Durch mehrfaches Werfen von Münzen erhält man Antworten auf Fragen in Form dieser sogenannten Hexagramme. Praktisch kommt ein Ergebnis dadurch zustande, daß zum Beispiel zweimal Kopf und einmal Zahl eine durchgehende Linie bedeuten und zweimal Zahl und einmal Kopf eine unterbrochene Linie. Man muß also sechs mal hintereinander werfen, um eine Aussage zu bekommen. Die durchgehenden Linien stehen für Yang und die unterbrochenen Linien für Yin.

Struktur des I Ging

Jedes der insgesamt 64 möglichen Hexagramme im I Ging setzt sich aus jeweils zwei „Trigrammen" zusammen, also aus immer zweimal je drei Linien, welche die fundamentalen Informationsblöcke in jener bereits jahrtausendealten, dem Orakel zugrundeliegenden binären Sprache der Chinesen bilden. Jede Kombination von Trigrammen aus jeweils drei aufeinanderfolgenden Linien baut folglich in 64 möglichen Variationen die Hexagramme des I Ging auf (siehe nachstehende Grafik).

Im Feng Shui wird jedem der Trigramme eine eigene Himmelsrichtung zugeordnet. Damit erscheint die Interpretation der geographischen Richtungen ebenfalls in eine logische Struktur eingebettet zu sein.

Systematik der Trigramme

Jedes Trigramm, und dementsprechend jede Himmelsrichtung, hat eine Reihe weiterer Attribute, die mit ihm assoziiert werden - eine Tageszeit und eine Jahreszeit, eine soziale Stellung (in der Familie), ein Körperorgan, eine Farbe und eine Zahl. Sie finden die für die Praxis wichtigsten Faktoren in einer Kompaß-Grafik auf S. 60. Bedenken Sie, daß es in den späteren Analysen Ihrer Räume zu jeder Himmelsrichtung eine Trigramm- bzw. Elementzuordnung gibt. Auch Ihnen selbst werden Trigramm- bzw. Elementeigenschaften zugesprochen. Der Grund dafür: Wenn ein Trigramm, also eine symbolische Anordnung von Strichen, ein kollektives Urbild repräsentiert, wie zum Beispiel der verzaubernde Anblick von einem See, eine

Die Trigramme des I Ging besitzen tiefe symbolische Bedeutung

sich öffnende Erdspalte oder die Ruhe eines Berges, dann lassen sich diese archetypischen Vorstellungen auch auf Menschen übertragen. Jeder von uns besitzt von genau einem dieser Bilder einen individuellen Prägestempel, der seine Persönlichkeit von Geburt an bestimmt, ganz ähnlich wie das Jahrgangs- und das Geburtsstundenelement.

Um auch diese eigene Charaktersignatur zu erfahren, werden Sie Ihr „persönliches Trigramm" ausrechnen, und zwar ohne mathematische Akrobatik. Wie und was Sie berechnen müssen, erfahren Sie auf S. 67 f. Alle Trigramme, Himmelsrichtungen und die dazu passenden Eigenschaften bilden untereinander Element-Beziehungen in nährenden und kontrollierenden Zyklen. Es wird für Sie von erheblichem Nutzen sein, die Trigrammbedeutungen regelrecht zu verinnerlichen.

Immer zwei Trigramme aus je drei Linien bilden ein Hexagramm im I Ging

Auf diese Weise fällt es Ihnen nachher leichter, bei der Raumgestaltung und den ihr zugrundeliegenden Berechnungen Assoziationen entstehen zu lassen. Im Feng Shui ist vor allem die Verträglichkeit eines persönlichen Trigramms mit einem Raumtrigramm wichtig.

Die innerpersönlichen Strukturen, die sich aus den Anteilen Ihrer verschiedenen eigenen Elemente ergeben, sind auch wichtig. Denn sie bilden so etwas wie Ihre psychische Architektur.

Letztlich sind sie aber von untergeordneter Bedeutung; das erfahren wir, wenn wir uns im Anschluß Himmelsrichtungen, Raumabschnitte und Zimmerecken ansehen. Denn dabei geht es primär immer um die Beziehung zwischen dem persönlichen Trigramm bzw. seinem Element und den einzelnen Trigrammen und Elementen, die den Kompaßrichtungen entsprechen.

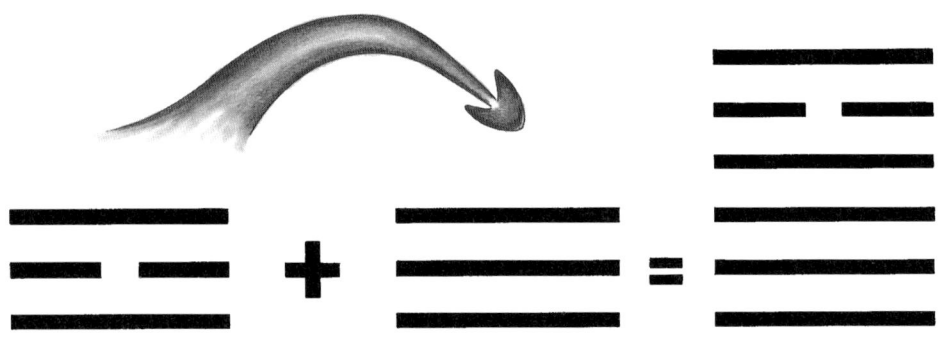

Chinesischer Code der Himmelsrichtungen

1. Richtung Nordwesten oder *Chien*. Das Zeichen sei wie der Himmel, heißt es. Daher wird es auch das Schöpferische genannt. Visuell wird es durch drei aufeinanderfolgende (durchgehende) Yang-Linien gebildet. Wie kein anderes Trigramm bündelt Chien die kraftvolle Yang-Energie. Daher werden ihm auch Eigenschaften wie Stärke und Festigkeit zugeschrieben.

Das Zeichen wird von den Chinesen in Verbindung zum Licht gesehen, und es symbolisiert den Tag. Chien steht für Bewußtsein, Individualität und Klarheit. Dabei ist zu beachten, daß es *großes Metall* bedeutet und trennende und unterscheidende Qualitäten besitzen kann. Denn Metall ist sowohl der Nugget aus dem Fluß wie der künstlerisch geformte Pokal oder das Schwert. Gerade letzteres macht auf Qualitäten wie Distanz und Trennschärfe aufmerksam. Auf der anderen Seite bedeutet Chien Reichtum, und seine Farbe ist Gold. Als Zahl ist ihm in der chinesischen Tradition die Sechs zugeordnet.

Körperlich wird das Symbol mit dem Kopf (Führung) in Verbindung gebracht. Seine Jahreszeit ist der Frühwinter, in dem der Drache (die elektrische Lebensenergie) noch in der Erde ruht. Doch gleichzeitig bedeutet Chien „Potential". Denn im Frühwinter sammeln sich bereits die Lebensenergien für das kommende Jahr.

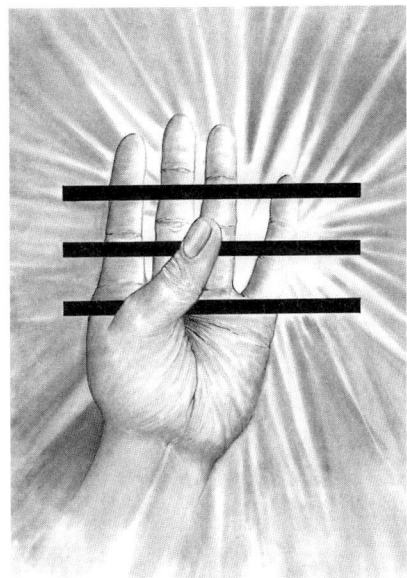

Das Chien, ein Zeichen wie der Himmel

Kan, das Zeichen für Wasser

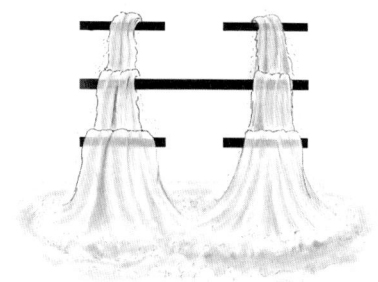

pital zu erwirtschaften, besitzt Kan auch eine Beziehung zu Reichtum.

Kan entspricht dem mittleren Sohn, sein Organ ist das Ohr. Es wird dem Kulminationspunkt der kalten Jahreszeit, dem Mittwinter zugeordnet, und es hat ebenso die Bedeutung von Mitternacht. Die zugehörige Zahl ist die Eins.

2. Richtung Norden oder *Kan*. Das Trigramm besteht aus zwei (unterbrochenen) Yin-Linien und einer (durchgehenden) Yang-Linie. Es steht für Wasser und das Abgründige im Leben. Man kann es sich als Quelle in einer unzugänglichen Gebirgsgegend vorstellen, aus der kühles Wasser in eine Schlucht stürzt. Dies ist das archaische Bild des Elements an seinem Ursprungsort. Doch wie es manchmal mit Risiko verbunden ist, Ka-

3. Richtung Nordosten oder *Ken*. Dieses Symbol steht für das Erd-Element im Sinne von Berg oder Fels. Eines mag zunächst paradox erscheinen: Während man mit einem Berg gedanklich etwas Hohes, also Großes verbindet, bedeutet das Zeichen doch *kleine Erde*. Das Rätsel klärt sich auf, wenn man sich vergegenwärtigt, daß jeder noch so hohe Berg eine einzelne Erdformation ist, nicht aber das ideelle Prinzip Erde, die Landschaft, der Kontinent usw. Im I Ging steht Ken für Meditation, Ruhe und Rückzug nach innen. Der Berg ist für das Auge eine Grenze, er gebietet ihm Halt. Symbolisch bringt er daher Bewegung zum Stillstand. Die assoziierten Eigenschaften sind deshalb auch still, gelassen oder reglos.

Ken steht für das Erdelement

Das Diagramm bedeutet auch jüngster Sohn, ihm wird organisch eine Verbindung zur Hand zugesprochen. Vielleicht hat das etwas damit zu tun, daß

Realismus und handwerkliche Fertigkeit sich gut ergänzen. Die Jahreszeit von Ken ist der Spätwinter, ihm entspricht die Dämmerung. Seine Zahl ist die Acht, bei Frauen gelegentlich auch die Fünf.

4. Richtung Osten oder *Chen*. Das Diagramm wird auch als *das Erregende* bezeichnet. Zwar lassen sich aus den täglichen Sonnenpositionen über dem Horizont nicht durchgehend Ableitungen herstellen, doch ist bei Chen ein Zusammenhang ganz offensichtlich. Denn die Sonne geht im Osten auf. Daher teilt sich von dort so etwas wie eine aktive, unbewußt erregende Energie mit. Chen wird weiter mit dem Donner in Verbindung gebracht. Seine Qualität wird im I Ging auch mit dem reinigenden Gewitter verglichen, nach dem man im allgemeinen wieder lachen kann. Insofern steht das Zeichen unter anderem für Aufregung und Turbulenz.

Die Entsprechung ist ältester Sohn, körperlich wird ihm der Fuß, jahreszeitlich der Frühling und als Tageszeit der frühe Morgen, also der Sonnenaufgang zugeordnet. Zieht man diese Eigenschaften in Betracht, so ist Chen das Prinzip der Ausdehnung. Es steht für Wachstumsprozesse und bedeutet *großes Holz*. Die zugehörige Zahl ist die Drei.

Chen bedeutet großes Holz

5. Richtung Südost oder *Sun*. Das Zeichen hat den Beinamen *Das Sanfte*. Die Bezeichnung rührt daher, daß symbolisch eine Beziehung zu einem beständigen, eher milden Wind besteht. Ihm wird Einfluß auf den Wuchs von Bäumen zugeschrieben. Insofern gilt Sun als *klei-*

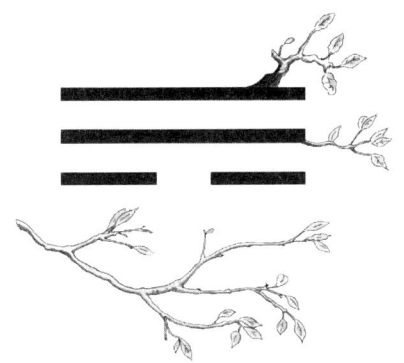

Sun hat den Beinamen *Das Sanfte*

nes Holz. Das Symbol steht für flexible (angepaßte) Entfaltung. Daher bedeutet es auch Diplomatie, Kommunikation, Austausch. Es ist das Zeichen der eher feinen Töne, die gleichzeitig sehr wirkungsvoll sein können.

Entsprechungen sind die älteste Tochter, unter den Organen die Schenkel, von den Jahreszeiten der Frühsommer und von den Tageszeiten der Morgen. Die Trigrammzahl ist die Vier.

6. Richtung Süden oder *Li.* Gleichgesetzt wird das Trigramm mit *Feuer, Sonne* und *Blitz.* Es erscheint zunächst ungewöhnlich, daß Li einerseits Klarheit, Bewußtheit und Intelligenz bedeutet, ihm aber auch das Attribut „abhängig" zugeschrieben wird. Doch der scheinbare Widerspruch klärt sich auf. Denn Licht und Schatten bilden in gegenseitiger

Li ist das Zeichen des Feuers

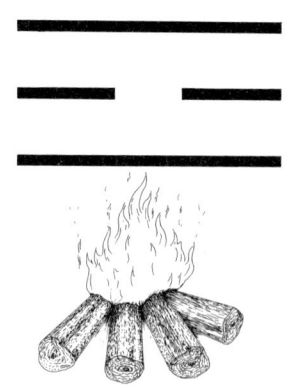

Abhängigkeit ein Wechselspiel. Wir wissen: Ohne Licht gibt es keinen Schatten, und auch Licht kann auf dieser Erde ohne Schatten nicht sein. Unterstrichen wird dieser Gedanke noch dadurch, daß Li auch *das Haftende* heißt. Denn der Schein des Lichtes haftet an Objekten, die es erhellen kann. Die Ambivalenz von Li ist wichtig; schließlich spendet auch die Sonne einerseits Leben und versengt andererseit die Vegetation.

Das Trigramm des Südens wird symbolisch mit der mittleren Tochter, mit dem Auge, dem Mittsommer und der Tageszeit Mittag gleichgesetzt. Insofern verkörpert Li den höchsten Sonnenstand. Seine Zahl ist die Neun.

7. Richtung Südwesten oder *Kun.* Jetzt begegnen wir ihr – der großen Erde. Sie repräsentiert das Bild der mütterlichen Natur, das Fruchtbare und Lebensspendende. Sie ist magna mater, endloser Horizont, Masse und Gravitation, letztlich Sand ebenso wie Kristall, die Höhle genauso wie das Haus.

Kun ist das gleichgewichtige Pendant zu Chien, dem Schöpferischen. Dabei ist Kun jedoch der intensivste Yin-Pol. Das Trigramm gilt insofern als empfangend, nachgebend, dunkel und in gleichem Maße auch nährend.

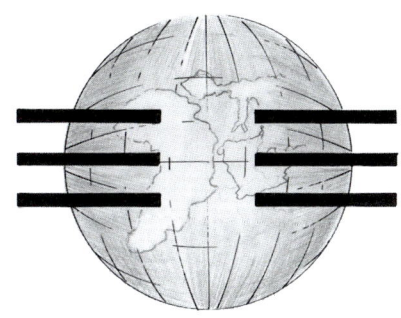

Tui gilt als *kleines Metall*, da man die spiegelnde Fläche eines Sees mit Silber assoziieren kann. Die psychologische Grundbedeutung ist leichter, entwaffnender Charme, ebenso wie illusionäre Freude. Im übrigen steht Tui für die Zahl Sieben, für die jüngste Tochter und für den Mund. Jahreszeitlich repräsentiert das Trigramm den Spätherbst und von der Tagesstimmung her das Zwielicht.

**links:
Kun, das
Zeichen der
großen Erde**

Unter den Organen wird der Bauchbereich Kun zugeordnet, als Jahreszeit entspricht ihm der Frühherbst, und von den Tageszeiten her ist es die Nacht. Die zugehörige Zahl ist die Zwei, bei Männern manchmal die Fünf.

**Tui steht für
den See**

8. Richtung Westen oder *Tui*, der *See*. Dieses Trigramm heißt auch das Heitere. Mit seiner Symbolik weist es auf den erfreulichen Anblick von einem See hin. Auffallend ist vielleicht, daß es in der Geschichte mehrmals den „Großen Treck" nach Westen gegeben hat, zum Beispiel die amerikanische Landnahme durch den „Weißen Mann". Möglicherweise hat dies damit zu tun, daß der menschliche Instinkt dem Sonnenlauf folgt, und so wird die Verheißung – das Lockende und Heitere – im Westen vermutet.

Nachdem Sie die Profile der verschiedenen Trigramme kennengelernt haben, sollten Sie sich die Übersicht auf der folgenden Seite kopieren. Sie brauchen dann nicht mehr lange nachzuschlagen.

10-Punkte-Komfort-Meßsystem

Der Lo-Pan-Kompaß: Einteilung mit Trigrammen, Kompaßnummern (Lo-Shu-Zahlen) und Elementen

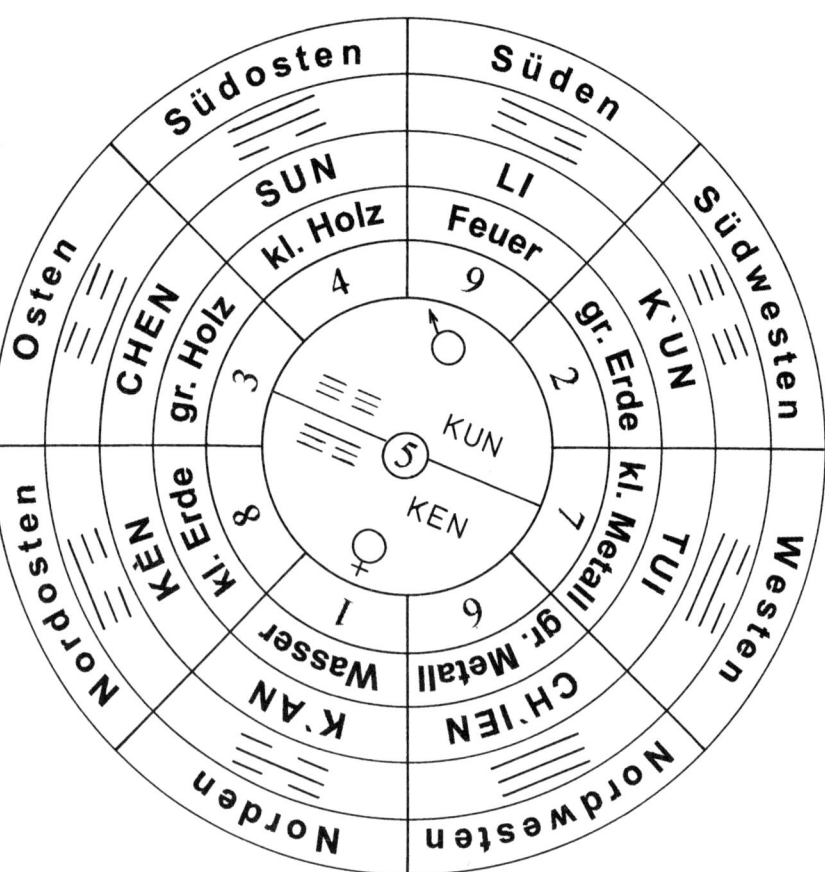

Im Feng Shui haben alle insgesamt acht Richtungen eine zentrale Bedeutung: Es gibt vier Primärrichtungen – Süden, Norden, Osten und Westen – und vier Sekundärrichtungen: Südwesten, Südosten, Nordwesten und Nordosten. Noch einmal: Alle acht Himmelsrichtungen sind gleichrangig. Die Bezeichnungen „primär" bzw. „sekundär" weisen lediglich darauf hin, daß die eine Art von Himmelsrichtung von der anderen abgeleitet ist. Sie werden feststellen: Die Orientierung an den Himmelsrichtungen ist bei jeder Feng-Shui-Analyse das entscheidende Instrument. Mit seiner Hilfe sollten Sie Ihre Räume untersuchen und feststellen, wie Sie Ihnen zu mehr Power verhelfen können. Zuvor sollten sie Ihre vier Wände einer detaillierten Studie unterziehen. Sie ist völlig problemlos zu erstellen, wenn Sie sich dabei an das folgende Ausarbeitungsmuster mit zehn Schritten halten. Aus den teilweise unsystematischen Anweisungen asiatischer Feng-Shui-Lehrer wurden diese Arbeitsschritte als kompaktes System zusammengestellt.

Der Lo Pan

Die Zuordnung der Elemente findet man auf dem chinesischen Geomanten-Kompaß, dem *Lo Pan*. In der Regel kommt man mit einem herkömmlichen Kompaß aus, dennoch soll der Lo Pan hier kurz erklärt werden. Bei einem chinesischen Kompaß zeigt die Nadel immer nach Süden. Für den nördlichen Punkt gibt es zwei kleine Punkte auf der drehbaren Scheibe mit den Himmelsrichtungen und zugehörigen Kennungen, die Sie so verschieben, daß sie links und rechts den nach Norden zeigenden (nicht markierten) Teil der Kompaßnadel umschließen. Für den Fall, daß Sie für Ihre Analysen einen konventionellen Kompaß benutzen, brauchen Sie bei der Feststellung der Himmelsrichtungen noch nicht einmal umzudenken. Es genügt, daß Sie anschließend beim Skizzieren des Grundrisses die nebenstehende Grafik zu Hilfe nehmen. Danach übertragen Sie die Himmelsrichtungen,

Feng- Shui-Meister in Hongkong mit einem Lo-Pan-Kompaß

die zugehörigen Trigramme und die Elemente auf das Blatt Papier mit der Skizze Ihrer Wohnung oder anderer Räume.

Um festzustellen, wie leicht eine Kompaßnadel abgelenkt werden kann, sollten Sie diese einmal in die Nähe von Metallgegenständen, Steckdosen und elektrischen Leitungen halten. Aufgrund dieser Erfahrungswerte werden Sie später genaue Messungen durchführen können.

Einfach und praktisch

Lesen Sie sich zunächst alle Schritte in Ruhe durch, und notieren Sie sich, was Sie an Ausrüstung brauchen. Die Methode wird Ihnen in vereinfachter Form und in einer gründlichen Profi-Version vorgestellt. Vermessen Sie Ihre Wohnung, Ihr Büro (oder was auch immer) bei der exakten Ausführung möglichst genau mit einem Meterband, das in jedem Baumarkt in Längen bis zu 25 m erhältlich ist. Kaufen Sie es in einer Bandlänge, die Ihren Räumlichkeiten angemessen ist. Notfalls tut es auch ein Zollstock, jedoch wird das Ergebnis damit meist nicht so präzise.

Leichter haben Sie es, wenn Sie sich bei der exakteren Vorgehensweise die Arbeit mit jemandem teilen – eine Person mißt, die andere zeichnet. Damit

Vermessen Sie Ihre Wohnung möglichst gründlich

Längenabmessungen bei hohem Anspruch möglichst maßstabsgetreu auf Skizze übertragen werden können, empfiehlt es sich, mit Millimeterpapier zu arbeiten. Um rechte Winkel genau anlegen zu können, sollten auch ein Winkelmesser (zum Beispiel Geodreieck) und ein längeres Lineal vorhanden sein.

Falls Sie sich jedoch nur einen schnellen Überblick verschaffen wollen, können Sie die Wohnung durchaus aus dem Kopf auf Papier zeichnen und eventuell noch hier und da messen, um zu überprüfen, ob die Proportionen stimmen. Das ist die einfachere Arbeitsweise.

Nehmen Sie einen Maßstab, der für Ihre Zwecke geeignet ist, zum Beispiel 1 m = 1 cm oder 1 m = 2 cm. Denn wie präzise auch immer Sie arbeiten wollen, so ist es doch wichtig, die Proportionen so genau zu erfassen, daß die Zeichnung eine Grundlage dafür bietet, später positive und negative Raumabschnitte nach den Himmelsrichtungen zuzuordnen.

Die in dem 10-Punkte-Paket vorgestellte Methode hält sich im wesentlichen an eine Aufteilung in Raumsektoren, wie sie von Lilian Too vorgeschlagen wird. Dabei wurden Ergänzungen vorgenommen, die eine Zuordnung nach Himmelsrichtungen erleichtern.

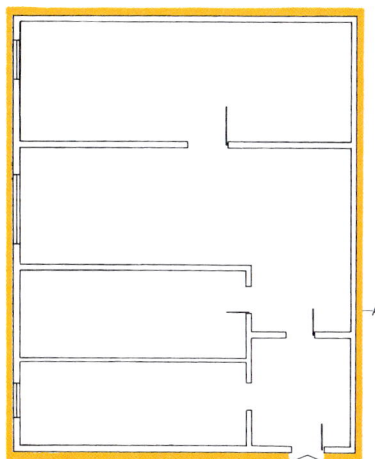 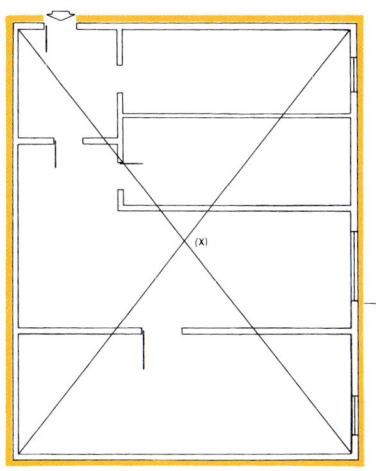

**links:
Grundriß
zu Punkt 2**

**rechts:
Grundriß
zu Punkt 3**

1. Übertragen Sie jede gemessene oder geschätzte Länge in Ihre Skizze. Berücksichtigen Sie soweit wie möglich auch Wandaussparungen, Mauervorsprünge.

2. Ziehen Sie immer einen Rahmen um den gesamten Grundriß (auf unserer Beispielskizze mit (A) kenntlich gemacht). Für den Fall, daß der Grundrißverlauf unregelmäßig ist, legen Sie Ihre Rahmenlinie immer so über die gesamte Zeichnung, daß alle Begrenzungen eingeschlossen werden, ganz wie in unserem Beispiel. Das bedeutet: Bei einem unregelmäßigen Grundriß (s. Anhang) entstehen naturgemäß an den Außenkanten Stellen mit Aussparungen, sozusagen mit leerem Raum. Diese nicht zum Grundriß gehörigen Zonen liegen ebenfalls innerhalb der Rahmenlinie. Die Beispieldarstellung im vorliegenden Kapitel geht von einem gleichmäßigen Wohnungsgrundriß aus.

3. Zeichnen Sie auf dem Papier einen Mittelpunkt der Räumlichkeiten ein, was auf folgende Weise geschieht: Mit Bleistift ziehen Sie eine sehr feine Hilfslinie, jeweils von einem Eckpunkt des Rahmens zum gegenüberliegenden Eckpunkt; der Schnittpunkt der sich kreuzenden Diagonalen ist der Mittelpunkt. Markieren Sie diesen Punkt, im folgenden als (X) bezeichnet, mit einem kleinen Kreuz, und radieren Sie Ihre diagonalen Hilfslinien anschließend wieder weg.

links:
Grundriß
zu Punkt 4

rechts:
Grundriß
zu Punkt 5

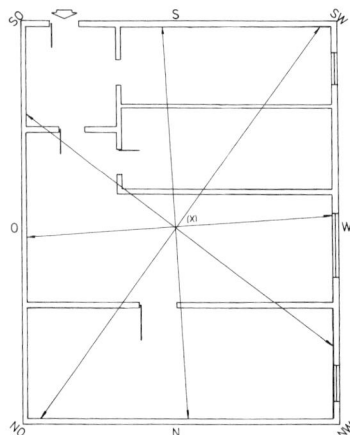

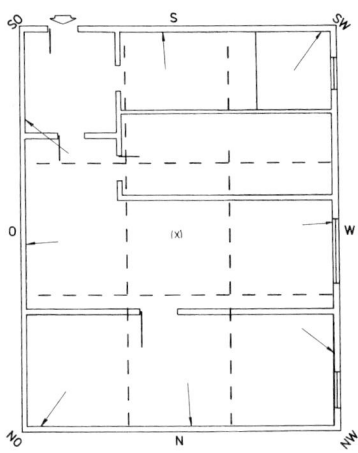

4. Suchen Sie in der Wohnung, im Haus oder in Ihrem Büro den räumlichen Punkt, der diesem Mittelpunkt (X) auf dem Papier entspricht. Nehmen Sie dabei Ihre Skizze, Ihr Zeichenmaterial und Ihren Kompaß mit. Bestimmen Sie von hier aus die Himmelsrichtungen. Falls die Kompaßnadel am Punkt (X) von Metallgegenständen oder von einem Computer abgelenkt wird, so gehen Sie an einen neutralen Punkt in der Nähe von Punkt (X), und projizieren Sie die Himmelsrichtungen gedanklich von (X) als Bezugspunkt auf den Grundriß. Tragen Sie diese Himmelsrichtungen anschließend genau von (X) als Mittelpunkt einer Windrose mit Bleistift-Hilfslinien ein, wie Sie es auf der Grafik oben sehen.

5. Bis auf die Schnittstellen mit Ihrem Grundriß bzw. mit dem ihm umgebenden Rahmen entfernen Sie auch die Hilfslinien der Himmelsrichtungen jetzt wieder. Teilen Sie den überdeckenden Rahmen vertikal und horizontal in je drei gleichgroße Sektoren (auch Raumsegmente genannt), die Sie mit bleibenden gestrichelten Linien (in der Grafik (B) genannt) markieren. Auf diese Weise erhalten Sie ein Raster von insgesamt neun Raumsegmenten.

6. Ordnen Sie jedes Segment einer Himmelsrichtung zu, die Sie am Rande des Rahmens, den Sie um den Grundriß gelegt haben, notieren. Richten Sie sich bei der Zuordnung nach den Strahlenendpunkten der Himmelsrichtungen, die von (X ausgehen. Sollte ein Raumsektor aufgrund besonderer Grundrißbedingungen ausnahmsweise einmal von zwei Strahlenendpunkten berührt werden, erstellen Sie die Zuordnung nach klaren Sektoren (s. dazu ein Beispiel mit Extra-Skizzen im Anhang).

7. Schlagen Sie sodann Seite 60 im Buch auf, oder nehmen Sie Ihren daraus bereits kopierten Kompaßbogen zur Hand. Übertragen Sie von dort die zu den Himmelsrichtungen gehörigen Ziffern in die jeweils entsprechenden Raumsektoren auf dem Grundriß (dies sind nun die „Hausnummern" der Raumabschnitte). Im Chinesischen heißen diese Zahlen (im folgenden als Kompaßnummern bezeichnet) ursprünglich Lo-Shu-Zahlen. Sie finden Sie im Kompaßbogen auf dem zweiten Ring von innen.

Der Westabschnitt erhält zum Beispiel die 7, der Nordostsektor die 8, Südosten die 4 usw. Die 5 kommt beim Übertragen auf die Grundrißsektoren immer in die Mitte. Dieser Raumabschnitt entsprach im alten China grundsätzlich dem Innenhof, der praktisch zu jedem Haus gehörte. Wenn alle Zahlen verteilt und entsprechend zugeordnet sind, erhalten Sie einen einleuchtenden Grundrißplan.

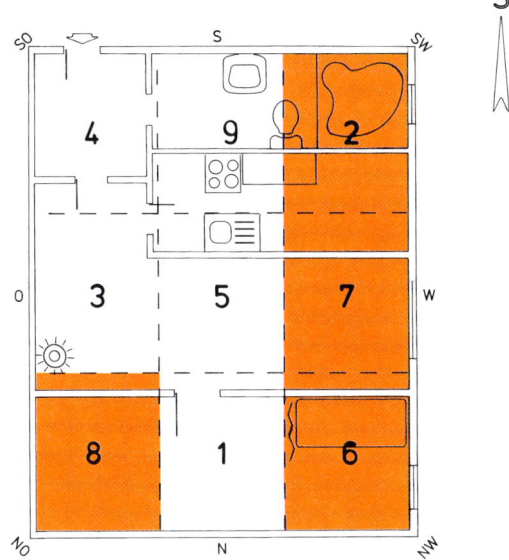

Vertikal und horizontal muß man in jeder Reihe auf die Summe 15 kommen; ein sogenanntes *magisches Rechteck*. Falls die Addition bei Ihrer Skizze nicht aufgeht, überprüfen Sie, wie genau Sie die Himmelsrichtungen eingetragen haben und ob sie mit den richtigen Kompaßnummern (Lo-Shu-Zahlen) versehen sind. Ein Sonderfall ist allerdings dann gegeben, wenn die primären Himmelsrichtungen (N, S, O, W) in den Eckbereichen liegen. Dann kann die Addition nicht 15 ergeben. In diesem Fall muß man immer drei zusammengehörige Eckabschnitte zusammenrechnen (s. Skizzen im Anhang).

Tragen Sie die zu den Himmelsrichtungen gehörenden Ziffern in die entsprechenden Raumsektoren ein (Punkt 7)

8. Setzen Sie sich nun mit einem Analysefaktor auseinander, der als das *persönliche Trigramm* bezeichnet wird. Er ist individuell auf Sie zugeschnitten, einschließlich eines speziellen (Charakter-)Elements. Zu diesem neuen Element bzw. dem persönlichen Trigramm gehört auch noch ein Individual-Signifikator (in Form einer Zahl). Diesen Signifikator berechnen Sie nach einer Formel, die für Frauen und Männer jeweils etwas unterschiedlich ist.

9. Den Tabellen (S. 67 f.) entnehmen Sie mit Hilfe der aus den in den letzten Schritten ermittelten Daten, was für Sie persönlich die besten und die schlechtesten Himmelsrichtungen sowie Kompaßnummern (also Raumsektoren in Ihrer Wohnung oder in Ihrem Büro) sind. Links auf den Seiten 67 bis 68 steht jeweils Ihr Individual-Signifikator, während rechts Kompaßnummern und Himmelsrichtungen in abgestufter Reihenfolge der ungünstigen Vorbedeutungen stehen. Das heißt also, zuerst einen Blick auf die linke Spalte werfen: Wo bin ich? Was trifft für mich zu? Dann rechts die Richtungen und Zahlen daraus ermitteln. Notieren Sie sich diese zunächst auf einem Zettel, zum Beispiel beste Richtung = Südwesten, Raumseg-

ment 2; zweitbeste Richtung = Nordwesten, Raumsegment 6; schlechteste Richtung = Südosten, Segment 4; usw.

10. Auf Ihrem Plan notieren Sie nun die für Sie günstigste Himmelsrichtung und deren im Raster eingetragene Kompaßnummer in dem dazugehörigen Segment mit vier Pluszeichen (+ + + +). Die zweitbeste Richtung bekommt in dem ihr entsprechenden Raumsegment drei Pluszeichen (+ + +). Verfahren Sie so weiter bis zur viertbesten Richtung mit einem Pluszeichen (+).

Umgekehrt kennzeichnen Sie auch die Raumsegmente nach Richtungen und Kompaßnummern, vom allerschlechtesten bis zum viertschlechtesten Raumabschnitt mit Minuszeichen.

Berechnung eines Individual-Signifaktors für Frauen

Die letzten zwei Ziffern des Geburtsjahrgangs minus 4 : 9. Der Rest (m) aus der Division ist der gesuchte Individual-Signifikator. Geht der Teilungsvorgang glatt auf (Rest = 0), ist als Signifikator die Zahl 9 einzusetzen. Bei der Ermittlung des Geburtsjahrgangs müssen Sie prinzipiell vom *chinesischen Sonnenkalender* ausgehen, bei dem der Frühlingsanfang in den Februar fällt. Mit ihm beginnt das

Beste Himmelsrichtungen und Kompaßnummern für Frauen

Ind. Sign.	Beste Richtung Kompaßnummer	Zweitbeste Richtung Kompaßnummer	Drittbeste Richtung Kompaßnummer	Viertbeste Richtung Kompaßnummer
	Sheng Chi	Tien Yi	Nien Yen	Fu Wei
1	4/Südosten	3/Osten	9/Süden	1/Norden
2	8/Nordosten	7/Westen	6/Nordwesten	2/Südwesten
3	9/Süden	1/Norden	4/Südosten	3/Osten
4	1/Norden	9/Süden	3/Osten	4/Südosten
5	2/Südwesten	6/Nordwesten	7/Westen	8/Nordosten
6	7/Westen	8/Nordosten	2/Südwesten	6/Nordwesten
7	6/Nordwesten	2/Südwesten	8/Nordosten	7/Westen
8	3/Osten	4/Südosten	1/Norden	9/Süden

Schlechteste Himmelsrichtungen und Kompaßnummern für Frauen

Ind. Sign.	Schlechteste Richtung Kompaßnummer	Zweitschlechteste Richtung Kompaßnummer	Drittschlechteste Richtung Kompaßnummer	am wenigsten schlechte Richtung Kompaßnummer
	Chueh Ming	Lui Sha	Wu Kuei	Ho Hei
1	2/Südwesten	6/Nordwesten	8/Nordosten	7/Westen
2	1/Norden	9/Süden	4/Südosten	3/Osten
3	7/Westen	8/Nordosten	6/Nordwesten	2/Südwesten
4	8/Nordosten	6/Westen	2/Südwesten	8/Nordosten
5	4/Südosten	3/Osten	1/Norden	9/Süden
6	9/Süden	1/Norden	3/Osten	4/Südosten
7	3/Osten	4/Südosten	9/Süden	1/Norden
8	4/Südosten	3/Osten	1/Norden	9/Süden
9	8/Nordosten	7/Westen	2/Südwesten	6/Nordwesten

Beste Himmelsrichtungen und Kompaßnummern für Männer

Ind. Sign.	Beste Richtung Kompaßnummer	Zweitbeste Richtung Kompaßnummer	Drittbeste Richtung Kompaßnummer	Viertbeste Richtung Kompaßnummer
	Sheng Chi	Tien Yi	Nien Yen	Fu Wei
1	4/Südosten	3/Osten	9/Süden	1/Norden
2	8/Nordosten	7/ Westen	6/Nordwesten	2/Südwesten
3	9/Süden	1/Norden	4/Südosten	3/Osten
4	1/Norden	9/Süden	3/Osten	4/Südosten
5	8/Nordosten	7/Westen	6/Nordwesten	2/Südwesten
6	7/Westen	8/Nordosten	2/Südwesten	6/Nordwesten
7	6/Nordwesten	2/Südwesten	8/ Nordosten	7/Westen
8	2/Südwesten	6/Nordwesten	7/ Westen	8/Nordosten
9	3/Osten	4/Südosten	1/Norden	9/Süden

Schlechteste Himmelsrichtungen und Kompaßnummern für Männer

Ind. Sign.	Schlechteste Richtung Kompaßnummer	Zweitschlechteste Richtung Kompaßnummer	Drittschlechteste Richtung Kompaßnummer	am wenigsten schlechte Richtung Kompaßnummer
	Chueh Ming	Lui Sha	Wu Kuei	Ho Hei
1	2/Südwesten	6/Nordwesten	8/Nordosten	7/Westen
2	1/Norden	9/Süden	4/Südosten	6/Nordwesten
3	7/Westen	8/Nordosten	6/Nordwesten	2/Südwesten
4	6/Nordwesten	7/Westen	2/Südwesten	6/Nordwesten
5	4/Südosten	3/Osten	1/Norden	9/Süden
6	9/Süden	1/Norden	3/Osten	4/Südosten
7	3/Osten	4/Südosten	9/Süden	1/Norden
8	4/Südosten	3/Osten	1/Norden	9/Süden
9	8/Nordosten	7/Westen	2/Südwesten	6/Nordwesten

neue Jahr. In der Regel geht man vom 5. Februar als letztem Tag des alten Jahres aus.

Beispiel: Eine Frau ist am 21. September 1962 geboren. Die Rechnung lautet dann: 62 - 4 = 58 : 9 = 6, bleiben 4. In diesem Fall ist 4 der Signifikator. Ist eine Frau am 3. Februar 1962 geboren, dann müßte sie anstatt der 62 die 61 einsetzen: 61 - 4 = 57 : 9 = 6, bleiben 3. Die 3 wäre dann ihr Signifikator.

Berechnung eines Individual-Signifaktors für Männer

Rechnen Sie: 100 minus die letzten zwei Ziffern des Geburtjahrgangs : 9. Der Rest (m) aus der Division ist der gesuchte Individual-Signifikator. Geht der Teilungsvorgang glatt auf (Rest = 0), ist als Signifikator die Zahl 9 einzusetzen. Bitte auch hier vom chinesischen Sonnenkalender ausgehen.

Beispiel: Ein Mann ist am 21. September 1962 geboren. Die Rechnung heißt in dem Fall 100 - 62 = 38 : 9 = 4, bleiben 2. Die 2 ist dann der gesuchte Individual-Signifikator. Ist ein Mann hingegen am 3. Februar 1962 geboren, dann hieße die Rechnung 100 - 61 = 39 : 9 = 4, bleiben 3. Die 3 ist dann der Signifikator.

Ihr Grundriß hat Gesicht bekommen!

Wenn Sie sich nun Ihren Raumplan anschauen und sehen, wo besonders viele Pluszeichen und wo die Minuszeichen sind, wissen Sie, wo Sie sich am besten aufhalten und welche Bereiche Ihrer Wohnung Sie eher meiden sollten – es sei denn, Küche oder Toilette befinden sich hier. Denn Küche und Toilette sollen nach Feng-Shui-Auffassung negative Einflüsse in sehr vielen Fällen neutralisieren können.

Die Individual-Signifikatoren werden im allgemeinen auch als Trigrammzahlen bezeichnet. Tatsächlich entsprechen diese nach dem individuellen Geburtsdatum errechneten Werte einem Trigramm, einer Himmelsrichtung und einem Element. Man kann sie daher auch als persönliche Glückszahlen begreifen, im Unterschied zu den Zahlen, denen in China eine allgemein glückliche oder unglückliche Bedeutung zugeschrieben wird (s. S. 21). Außerdem dürften die Kompaßnummern der für Sie positiven Himmelsrichtungen (Sie wissen: die Lo-Shu-Zahlen) zusätzlich günstige Vorbedeutungen haben, nicht nur hinsichtlich der Raumsektoren in Ihrer Wohnung oder in Ihrem Büro, sondern auch bei

Die Individual-Signifikatoren sind persönliche Glückszahlen

Hausnummern, bei Telefonnummern usw. Im Zweifelsfall könnte dies auch bei der sonst im allgemeinen als ungünstig geltenden 4 der Fall sein; zumindest hat sie für einen Menschen, zu dessen positiven Kompaßnummern sie gehört, eine weniger negative Qualität als bei anderen Personen.

Ost- und Westgruppe der Richtungen

Die Grund-kategorien der Himmels-richtungen – Schlüssel für Harmonie und Spannung

Zum besseren Verständnis dieser Zusammenhänge, und um jederzeit nachschlagen zu können, was die Kompaßnummern (Lo-Shu-Zahlen) bedeuten, welche konkreten Himmelsrichtungen sie im Gebäude (Wohnung, Büro usw.) darstellen, finden Sie nachstehend nähere Informationen über die besten und die schlechtesten Himmelsrichtungen im einzelnen.

Die Verträglichkeiten untereinander haben hier weniger mit dem nährenden oder zerstörenden Kreislauf zu tun – in einzelnen Fällen sogar überhaupt nichts. Primär hängt die Harmonie zwischen persönlichem Trigramm und Himmelsrichtungen im Haus damit zusammen, daß alle acht Richtungen jeweils zwei verschiedenen Grundkategorien zugeteilt werden, der sogenannten „Westgruppe" und der „Ostgruppe".

Es ist eine traditionell überlierferte Unterteilung, über deren Entstehung man nicht viel weiß. Möglicherweise hat sie etwas mit Planetenorientierungen und der Erdrotation zu tun.

Überliefert ist, daß Richtungsausprägungen der Westgruppe – Nordwesten, Südwesten, Westen und Nordosten – untereinander verträglich sind und positiv aufeinander wirken. Richtungen der Ostgruppe – Norden, Süden, Osten, Südosten – haben untereinander ihrerseits Harmoniebeziehungen. Doch die Richtungen der Westgruppe und die der Ostgruppe stören sich gegenseitig. Aus diesem Zusammenspiel ergeben sich für jeden Signifikator (persönliches Trigramm) individuell die besten und schlechtesten Himmelsrichtungen.

Außerdem sollen sich Menschen, die einen Westgruppen-Signifikator haben, untereinander gut verstehen – dies gilt auch für Personen mit einem Ostgruppen-Signifikator. Zwischen Menschen mit unterschiedlicher Gruppenzugehörigkeit sollen Spannungen angeblich schwerer auszugleichen sein, und es heißt auch, man rede leichter aneinander vorbei.

Die Bedeutung der Himmelsrichtungen

Top-Richtung *Sheng Chi*, deutsch: *Lebensatem*

Es heißt, hier liege so etwas wie der Ursprung von Vitalität, die „Quelle" oder die „Geburtsrichtung des Atems" in allen zu untersuchenden Räumen. Unter günstigen Umständen werden hier wünschenswerte Ereignisketten (Synchronizitäten) angezogen. Das bedeutet auch, daß man sich – mental auf den entsprechenden Raumabschnitt eingestellt – oft genau zur rechten Zeit am rechten Ort befindet.

Es ist exakt das Segment, das am meisten Wohlstand und Prosperität, wenn nicht gar Reichtum unterstützt. Auch für Leute, die Ansehen und Kinderreichtum anstreben, soll die Richtung günstig sein. Und da wir heute auch eine Idee oder ein Projekt als unser „Kind" betrachten, dürfte es sich hier wohl um die „kreative Ecke" handeln. Man markiert Sie am besten durch ein Glückssymbol. Ausgezeichnet eignet sie sich übrigens für das Schlafzimmer. Das Kopfende des Bettes sollte , wenn nicht andere Kriterien dagegen sprechen, in die entsprechende Richtung weisen.

Bei der Wohnungswahl oder beim Hauskauf ist es optimal, sich ein Objekt auszusuchen, dessen Haupteingang – von innen gesehen! – in die betreffende Richtung zeigt (vorzugsweise mit zwei bis fünf Grad Abweichung, damit die Wucht von Sheng Chi nicht zu stark ist).

Sofern entsprechende finanzielle Mittel zur Verfügung stehen, sollte man notfalls am eigenen Haus Umbauten vornehmen, damit der Haupteingang in diese Himmelsrichtung weist. Denn das entsprechende Segment repräsentiert persönliche Expansion und Lebenskraft im besten Sinne. Allerdings kommt die Sheng-Chi-Ausrichtung der Eingangstür nicht für alle Menschen in Frage. Es gibt Ausnahmen, zu denen Sie mehr im Kapitel „Der Eingangsektor" finden.

Ihre individuellen Himmels-richtungen finden Sie auf S. 67 f.

Tien Yi, deutsch:
Himmlischer Doktor

In erster Linie unterstützt diese Himmelsrichtung körperliches Wohlergehen, daher auch der Name, der auf kosmische Hilfe bei Krankheit (den *archetypischen Arzt*) hinweist. Längerer Aufenthalt in diesem Bereich soll Heilungsprozesse auch bei chronischen Beschwerden und ernsthaften Erkrankungen unterstützen. Doch natürlich bezieht sich diese Empfehlung nicht allein auf organische Zusammenhänge, sondern auch auf psychosomatische Vorgänge und auf das emotionale Gleichgewicht. Das zugehörige Raumsegment begleitet darüber hinaus auch andere Lebensbereiche positiv. So wird hier alles unterstützt, was mit gutbürgerlichem, angenehmem Leben zu tun hat – Beliebtheit im Kollegen- und Freundeskreis, Anerkennung durch Fleiß, gutes Auskommen, die Freuden des Alltags, das Gefühl, eine Basis zu haben.

Tien Yi und Nien Yen – positive Begleiter in vielen Lebensbereichen

Nien Yen, deutsch: *Langes Leben*

Diese Himmelsrichtung ist der Bereich für gute Familienbeziehungen. Bei Streitigkeiten unter Partnern wie auch bei Problemen zwischen Eltern und Kindern sollte dieser Bereich aktiviert werden. Das kann zum Beispiel geschehen, indem man die Raumaufteilung so vornimmt, daß hier die Wohn- oder Schlafzimmertür liegt oder daß sie hierher ausgerichtet ist. Man kann ferner positive Akzente setzen, indem man in dem Segment ein Glückssymbol plaziert. Zum Beispiel gibt es gegenwärtig den Trend zu Engelsfiguren, die in Dekoläden angeboten werden.

Es heißt, daß diese puttenähnlichen Plastiken als „Engelsenergien" bezeichnete Schwingungen anziehen. Wem eine Buddha-Figur lieber ist, der kann damit ebenfalls die Himmelsrichtung Nien Yen unterstützen. Übrigens soll diese Richtung auch bei der Partnersuche hilfreich sein und genauso, wenn der Wunsch nach Kindern besteht. Schließlich gibt es Feng-Shui-Lehrer, die meinen, Nien Yen unterstütze auch familiären Wohlstand. Wahrscheinlich ist dies im Sinne einer längerfristigen Laufbahnorientierung mit familiärer Unterstützung zu verstehen, die sowohl geistig als auch materiell gegeben werden kann, sowie im Falle von Familiengeschäften oder der Mitarbeit von Angehörigen.

Fu Wei, deutsch:
Grundlegendes Selbst

Eine Himmelsrichtung, die sich ausgezeichnet zur Meditation eignen dürfte, zur ruhevollen Besinnung und Auseinandersetzung mit dem eigenen Leben. In diesem Bereich gelingt es, sich zu zentrieren, Klarheit zu gewinnen und Yoga zu betreiben. Doch sie eignet sich weniger zur Konzentration auf berufliche Ziele oder für andere Mentaltechniken, die Karriere oder Bestätigung in der Außenwelt zum Zweck haben. Indes kann die Raumecke oder das Haussegment Zufriedenheit mit dem, was man erreicht hat, unterstützen.

Auch wenn es eine Rangfolge dieser vier positiven Himmelsrichtungen gibt, hat doch jede ihren ganz eigenen Wert und eine spezielle Wirkung. So wird vielleicht jemand, der sich spirituell weiterentwickeln will, mit der Energie von *Fu Wei,* der viertgenannten Richtung, besonders viel anfangen. Für diesen Zweck ist sie also die beste Richtung. Was die persönliche Entfaltung und irdisches Glück anbetrifft, dürfte allerdings die geschilderte Reihenfolge ihre Gültigkeit haben.

Ho Hei, deutsch:
Unglücke und Mißgeschicke

Es heißt von dieser Richtung, sie ziehe Pech und Pannen an, jedoch keine großen Katastrophen. Das bedeutet, es handelt sich eventuell um kleine, aber oft ärgerliche Geldverluste – eine Vase geht zu Bruch oder ein elektrisches Gerät wird defekt –, vielleicht verstaucht man sich auch Bein oder Arm. Der Bereich kann ferner mit Ärger und Unstimmigkeiten am Arbeitsplatz einhergehen, mit kleineren gerichtlichen Auseinandersetzungen, möglicherweise fällt man im ersten Anlauf bei einer Prüfung durch.

Wu Kuei, deutsch: *Fünf Geister*

Hier kann es unter bestimmten Umständen recht unangenehm werden. Familienangehörige, die in der Wohnung oder im Haus wohnen, können schwer erkranken, sofern sie ein angeschlagenes Immunsystem haben oder unter Mangel an Vitalität leiden. Außerdem ist von Raub und Feuer die Rede. Also kann Wu Kuei Einbrüche begünstigen, wenn wichtige Räume in diesem Sektor liegen, insbesondere, wenn hier ein Tresor steht, sich hier eine wertvolle Skulptur oder ein teures Bild befindet. Genauso

Fu Wei: Energie der spirituellen Weiterentwicklung

könnte jemand auf einer Hausparty etwas entwenden. Am besten verwendet man den in diesem Segment befindlichen Raum als Abstellkammer.

Lui Sha, deutsch: *Sechs Tode*

Der Name ist ganz bewußt keine besonders vertrauenerweckende Bezeichnung für einen häuslichen Bereich. Es sollte generell vermieden werden, Eingänge oder wichtige Räume in dieser Position zu lokalisieren. Dadurch können Streitigkeiten, Scheidung, familiäre oder partnerschaftliche Disharmonie, aber auch erhebliche berufliche und geschäftliche Probleme umgangen werden. Denn vergessen wir nicht, es gibt manche „Tode", die man erleidet, ohne im eigentlichen Sinne zu sterben. Immerhin sollen Räume in diesen Bereichen Personen so belasten, daß sie schwer krank werden, Gefahr laufen, in tragische Unfälle verwickelt zu werden – im Extremfall tatsächlich mit tödlichem Ausgang. Das Risiko gilt als besonders hoch, wenn zum Beispiel ein Großteil des Schlafzimmers – z. B. das Bett – in diesem Bereich liegt, oder wenn man sich hier laufend aufhält.

Nutzräume sollten wegen ihrer schützenden Wirkung in besonders ungünstigen Segmenten liegen

Chueh Ming, deutsch: *Lebensende*

Diese Himmelsrichtung und ihr Sektor gelten als der ungünstigste Bereich im ganzen Haus bzw. in der Wohnung oder im Büro. Es heißt, die Familie, man selbst oder die Angestellten seien höchst gefährdet, falls die Haupteingangstür sowie ein anderer sensibler oder wichtiger Bereich hier positioniert ist. Der eigene gute Name könne beschmutzt und das Ansehen ruiniert werden. Auch seinen gesamten Besitz soll man unter Umständen verlieren können. Daher ist es ratsam, sich von solchen Bereichen auf jeden Fall fernzuhalten.

Das „Gegengift"

Wie das Serum bei einem tödlichen Schlangenbiß wirkt, können nach Meinung von Lilian Too zweierlei Räumlichkeiten eine wirksame Arznei gegen den Einfluß schlechter Haussektoren bzw. ungünstiger Himmelsrichtungen bilden: Das WC und die Küche. Toiletten würden gleichsam die negativen Kräfte eines Raumsegments fortspülen und Herde sowie andere Feuerstellen der Küche dafür sorgen, daß schlechte Energie „verbrannt" wird.

Das bedeutet, daß diese Nutzräume in den besonders ungünstigen Wohnungsabschnitten liegen sollten. Für den Fall, daß eine solche ausgleichende Raumverteilung nicht gegeben ist, muß man sich etwas anderes einfallen lassen. Ein häufig benutzter Samowar kann eventuell eine vergleichbare Funktion erfüllen, ebenso ein Kamin oder dänischer Kaminofen.

Sofern aber aufgrund der finanziellen und räumlichen Situation keine andere Möglichkeit besteht, als in diesem Segment einen Wohnraum oder gar einen Eingang zu haben, so sollten unbedingt schützende Symbole, Buddha-Statuen oder ähnliches, aufgestellt werden. Kinderzimmer oder Schlafzimmer gehören grundsätzlich in einen anderen Bereich der Wohnung.

Hilfsmaßnahmen bei ungünstigen Himmelsrichtungen

Falls Sie in einem Ein-Zimmer-Appartement wohnen, sollten Sie darauf achten, insbesondere die *Lui Sha* und *Chueh Ming* entsprechende Ecke so gut es geht zu neutralisieren. Es kommt außerdem darauf an, diese Ecken, Haus- oder Wohnungsabschnitte zu meiden, sich dort so wenig wie möglich aufzuhalten. Das gilt auch für die entsprechenden Zonen in Büros und Gewerbeflächen.

Falls Sie jetzt nach Ihren Berechnungen feststellen sollten, daß bei Ihnen vieles im Argen liegt und Ihr Schlafzimmer eine große Katastrophe ist, geraten Sie auf keinen Fall in Panik. Bisher ist ja wahrscheinlich alles gut gegangen, und der Hinweis vom Schicksal, jetzt etwas zu ändern, kam vielleicht gerade rechtzeitig. Auch braucht man keine Schuldgefühle zu bekommen, wenn ein Verwandter einen Unfall haben sollte, nachdem er vorher im *Lui-Sha-Bereich* Ihrer Wohnung (wo ausgerechnet das Gästesofa steht) ein- oder zweimal geschlafen hat. Letztlich ist jeder für sein Schicksal selbst verantwortlich. Aber man kann wahrscheinlich einiges tun, um durch positive Wohnsymbolik schädliche Einflüsse von seinem familiären Umfeld oder Freundeskreis fernzuhalten. Sie sind jetzt mit dem nötigen Rüstzeug versehen und können eigene Kalkulationen und Analysen anstellen. Worauf es als nächstes ankommt, ist das notwendige Instrumentarium, mit dem man ungünstige Einflüsse durch Elementprozessing ausgleichen und günstige Einflüsse unterstützen kann.

Eine positive Wohnsymbolik kann schädliche Einflüsse fernhalten

Element-Processing II – Subtile Regelkreise

Sie haben die Möglichkeit, zwei Wege des Element-Ausgleichs zu beschreiten. Sie können den generativen oder den destruktiven Zyklus wählen.

Eine ungünstige Himmelsrichtung läßt sich neutralisieren, indem Sie das eigene Element im nährenden Kreislauf unterstützen, das zu Ihrem Individual-Signifikator gehört (= Element des persönlichen Trigramms). Zum anderen können Sie das angreifende Element der für Sie schädlichen Himmelsrichtung und Kompaßnummer in seiner Wirksamkeit hemmen, wenn Sie in dem entsprechenden Wohnungs- oder Haussegment ein Element betonen, durch das der „Aggressor" im zerstörenden Kreislauf selbst angegriffen wird.

Schließlich besteht noch die Möglichkeit, das Element, das in dem entsprechenden Raumabschnitt als Energieräuber wirkt, Kraft zu entziehen. Wie das funktioniert? Sie wissen doch: Zum Beispiel ein Element benutzen, das sich von der Sie angreifenden Raumqualität ernährt (generativer Zyklus).

Achten Sie aber genau darauf, daß sich aufgrund mehrerer Hebel, die Sie in einem konkreten Raumabschnitt anzu-

Halten Sie bei Fragen Zwiesprache mit dem I Ging

wenden gedenken, Ihre Maßnahmen nicht gegenseitig aufheben oder daß Sie eine Situation herbeiführen, die in anderer Hinsicht wenig hilfreich wäre. Eine Maßnahme, mit der Sie das zugehörige Element eines sehr negativen Segments schwächen, kann sich auch gegen eines Ihrer persönlichen Elemente richten. Manchmal ist weniger tatsächlich mehr, und es genügt, sich in dem schädigenden Bereich selten aufzuhalten.

Gegencheck

Wie man im einzelnen vorgeht, ist eine Frage, die manchmal nicht nach bestimmten Regeln, vom Verstand oder Gefühl allein entschieden werden kann. Für solche Fälle empfiehlt es sich, eine I Ging-Ausgabe zur Hand zu haben. Das I Ging zu befragen, dessen Logik der Kompaßschule des Feng Shui zugrundeliegt, ist die beste Methode zur Klärung offener Fragen. Allerdings sollte man schon etwas Erfahrung haben, um das I Ging so gut zu verstehen, daß sich eine Art ständiger Zwiesprache zwischen Ihnen und dem Orakel entwickelt.

Falls Sie sich diese Mühe jedoch nicht machen wollen, empfiehlt es sich, auf die innere Stimme und auf Körpersignale zu achten, die einem häufig etwas darüber mitteilen, wie sinnvoll das sein mag, was man konkret in der Gestaltung nach Elementen und Himmelsrichtungen vorhat. Wenn Sie sich überlegen, wie Sie verschiedene störende Elemente in unterschiedlichen Raumzonen und Richtungen ausgleichen wollen, ist es sinnvoll, wieder die Aufzeichnungen anzusehen, die Sie gemacht haben, als Sie die ersten Elemente analysierten(Hauselement des Gebäudes, in dem Sie wohnen, Ihr Geburtsjahrgangs- und Ihr Geburtszeit-Element). Allerdings werden diese Faktoren bei Maßnahmen in den verschiedenen Raumsegmenten erst in zweiter Linie herangezogen.

Die Kunst im Detail

Um einen einzelnen Raum oder auch eine einzelne Wand zum Ausgleich störender Energiebeziehungen in einem speziellen Richtungsabschnitt mit Hilfe von Farbe zu verändern, wird man sich nach dem Element zu der konkreten Himmelsrichtung bzw. nach dem Element des Individual-Signifikators (persönliches Trigramm) richten. Es geht hier um einen lokalen Einfluß.

Sollen größere Wandflächen farblich verändert werden, oder ist Teppichboden für die ganze Wohnung auszuwählen, ist es angebracht, mehr Elemente in die Kalkulation einzubeziehen (das Haus-Element, sowie das eigene Jahrgangs- und Geburtsstunden-Element).

Ein Beispiel: Eine Person wird in einer konkreten Situation durch Feuer angegriffen, da ihr persönliches Trigramm Chien (Metall) ist. Gleichzeitig hat sie aber das Geburtsjahrgangs-Element Erde. Feuer unterstützt einerseits diese Erd-Qualitäten, bringt aber Ihre Metall-Eigenschaften zum *Schmelzen*, die – dem persönlichen Trigramm zugehörig – nach klassischer Lesart für das Haus- bzw. Wohnungsinnere am stärksten zu gewichten sind.

Hinzu kommt vielleicht, daß der Betreffende in einem Haus wohnt, das zusätzlich zu der angreifenden Himmelsrichtung (etwa im Wohnzimmer) auch von der Gebäudearchitektur her (zum Beispiel Spitzdach) Feuer repräsentiert. Die persönliche Trigramm-Energie wäre somit einem doppelten Angriff ausgesetzt. Das Feuer einfach *durch Wasser zu löschen,* zöge von der Metall-Eigenart Energie ab. Das Beste wäre, noch einmal Erde zu betonen, zum Beispiel durch große Tongefäße, Steinamphoren, verschiedenes Terrakottamaterial oder einen Marmorfußboden. Denn Erde bringt Metall hervor, zudem entzieht Erde dem Feuer Energie, da sie sich von diesem nährt.

Farben können störende Energieeinflüsse verändern

Mit der Zeit werden Sie feststellen, daß man gelegentlich recht verschlungene Gedankenwege gehen muß, um die Elemente optimal auszubalancieren. Wenn die Dinge aber dann effektiv funktionieren, fasziniert einen diese Art der Raumgestaltung immer mehr.

Experimentieren Sie bei der Raumgestaltung

Sie werden experimentieren, einiges verwerfen, anderes ausprobieren, mit der Zeit jedoch zusehends bessere Ergebnisse erzielen. Daher empfiehlt es sich, am Anfang nicht gleich kostspielige Lösungen durchzuführen, sondern sich zeitlich und finanziell an eine bestimmte Experimentiermasse zu halten. Im Folgenden finden Sie eine Vielzahl von Anregungen und Beispielen zum kreativen Umgang mit den Elementen.

Zaubern mit Metall

Metallic-Tapete oder -Lacke, Bronzefiguren und -statuen; Bilderrahmen, Garderobenständer oder Regale aus Chrom bzw. Messing, ferner Automobil-Miniaturen aus Metall sowie Lampen und Kerzenhalter aus Silber, Messing oder Chrom; außerdem Glitzerstoffe mit Gold- oder Silbertönen.

Wasser-Phantasien

Wasser-Lampen mit aufsteigenden Luftblasen, Lavalampen mit farbiger Flüssigkeit, die sich bewegt; Aquarien, ungewöhnliche Zimmerbrunnen (zum Beispiel mit Spiegeln und Kristallen), Bilder mit Meeres-Szenen, von Wasserfällen, mit Motiven aus der Seefahrt, blaue Farbtöne für Wände oder Rollos, blaue, türkisfarbene oder bläuliche Fächer bzw. Lampenschirme, ferner Tischdecken, Polstermöbel, Türanstriche, Leisten oder Stuck in ähnlichen Tönen .

Holz-Ideen

Pflanzen, besonders solche mit verholzten Stämmen und hohem Wuchs, auch künstliche Bäume, Kunstblumen; Verkleidungen, Vertäfelungen, Fußböden aus Holz, Rattanmöbel, Korbware, Flechtwerk, Naturholzmöbel, Korktapete, Grüntöne für Wände, Böden, Decken und Dekor, grüne Kerzen, Lampen, Decken oder Passepartouts.

Feuer-Abhilfen

Rote Tapeten, Farben, Lacke; Kerzen, Öfen, Kamin, Lichterketten, farbige Halogen-Lampen (Vorsicht: nie lange strahlen lassen) oder andere Leuchtkörper; aber auch rötliche oder lachsfarbene Fächer, Kissen, Dekostoffe sowie Sofa-, Sessel- oder Stuhlbezüge; auch Bilder mit dominierenden Rot-, Rosé- und Pinktönen.

Erd-Materialien

Natursteinverkleidungen, Marmor, möglichst in Champagner-Ton, Braun oder Beige, Wände, Teppiche, Vorhänge, Rollos und Mobiliar in dieser Farbe; Sonnenblumen aus Seide; dekorative Steine, Kristalle, Steinskulpturen, Tonvasen, Terrakotta- und Keramikartikel, Porzellan, Jadefiguren.

Balance-Beispiele zur Element-Beruhigung

In vielen Fällen wird man versuchen, ein angreifendes Element unter eher sanfte Kontrolle zu bringen. Dies gilt besonders bei der *Ho Hei*-Richtung, die am wenigsten aggressiv wirkt. Dabei wird dem störenden Element in den meisten Fällen genügend Energie entzogen, indem es das nächstfolgende Element im generativen Kreislauf intensiv zu nähren hat. Dies geschieht durch eine starke Betonung dieses empfangenden Raum-Elements. Der Vorteil dieser Vorgehensweise liegt darin, daß eine solche Abhilfe weniger polarisierend und konfliktträchtig wirkt als eine Maßnahme im destruktiven Zyklus. Das gesamte Ensemble wirkt deshalb harmonischer. Das gleiche trifft zu, wenn man sein eigenes Element unterstützt.

Nehmen wir zum Beispiel an, die Raumecke repräsentiere Erde, Sie selbst seien Wasser, dann würden Sie durch Metall genährt. Sollte es etwa in Ihrem Büro Störeinflüsse geben, so können Sie sich als Wasser-Typ selbst unterstützen, indem Sie Metallregale für Aktenordner wählen, eine Schreibtischlampe mit Chrom- oder Messingständer im Arbeitsbereich plazieren usw. Das Metall wird seinerseits durch die umgebende Raumenergie genährt, die Sie neutralisieren wollen. Es entzieht ihr damit etwas von ihrer störenden Ladung.

Ein Erd-Typ wird durch Holz in einem ansonsten weniger schädlichen Raumsegment belastet. Die Elementeigenschaften sind zwar miteinander im Konflikt, doch man kann man auch hier sanft entgegenwirken. Man sollte seinem Element das Milieu bieten, in dem es sich heimisch fühlt, und zwar dadurch, daß es hier auf sich selbst trifft. Im folgenden soll dargestellt werden, wie sich die Situation in verschiedenen Räumen verbessern und schließlich optimieren läßt. Es wird mit Hilfe all dessen geschehen, was Sie inzwischen über Trigramme und Elemente erfahren haben, und es kommen noch weitere Faktoren hinzu, die Ihr Handwerkszeug ergänzen werden.

Beruhigen Sie die ELemente durch Balance

Der Eingangssektor

Räume sollen Helligkeit und Raumtiefe vermitteln. Deshalb muß in einem Flur immer genügend Beleuchtung vorhanden sein. Auf diese Weise wird auch ein lebendig fließender Chi-Strom vom Eingang her gewährleistet. Ein dunkler Eingangsbereich hingegen könnte diesen Strom abtöten. Ferner soll ein Vorraum niemals vollgestellt sein. Sorgen Sie also für eine positive Chi-Stimulation.

Eingänge hell gestalten

Falls der Eingangsbereich besonders eng ist und die Wohnungstür direkt auf eine Wand zuführt, sollte ein helles, freundliches Poster oder Bild mit starker perspektivischer Wirkung aufgehängt werden. Andernfalls könnte der Eindruck entstehen, daß man eingeengt ist und nicht weiterkommt.

Weil Räume, die das persönliche Entfaltungsgefühl einschränken, oft fehlende Erfolge auf anderen Ebenen spiegeln, muß man die Szenerie entsprechend verändern. Am besten ist dieses Bemühen dann gelungen, wenn man gleich beim Betreten der Räume eine ganz andere Erlebniswelt vorfindet, die man in Form einer positiven mentalen Programmierung überallhin mitnimmt.

Schaffen Sie sich daher ein Arrangement, das optisch die erforderliche Raumtiefe herstellt. Dies geschieht durch Bilder, die einen reich differenzierten Vordergrund, Mittelbereich und Hintergrund haben.

Eine andere Lösung, ein Durchbruch der Mauer, ist natürlich viel aufwendiger und teurer, auch hat meist der Vermieter ein Wörtchen mitzureden. Und bei Eigentumswohnungen bleibt, abgesehen von den Kosten, auf jeden Fall die Frage der Statik zu klären.

Bringen Sie keinen Spiegel direkt gegenüber der Eingangstür an, um Raumtiefe zu erzeugen. Der würde die Lebenskraft, die durch den Eingang nach innen gelangen soll, nämlich zurückwerfen. Das Chi wäre durch einen Spiegel am Weiterfließen gehindert. Mindestens drei Meter sollte ein größerer Spiegel vom Eingang entfernt sein, wenn er gegenüber der Eingangstür angebracht ist.

Manche Feng-Shui-Experten meinen allerdings, ein Spiegel dürfe dann in geringerer Distanz vom Eingang montiert werden, wenn er nicht mehr als 30 cm breit ist. Empfohlen wird dies vor allem, wenn man beim Betreten der Wohnung direkt auf eine Toilettentür zugeht. Von der Symbolik her bedeutet eine solche Situation nämlich, daß durch den Eingang einströmendes Chi sofort weggespült wird. Der schmale Spiegel bewahrt es davor, indem er es von der Toilettentür wegspiegelt. Wenn Sie den Bau eines Hauses planen oder auf der Suche nach einer neuen Wohnung sind, achten Sie unbedingt auf die Lage der Wohnungstür. Sie sollte so positioniert sein, daß Sie beim Öffnen bzw. Hinaussehen in eine Ihrer günstigen Richtungen blicken, allenfalls in die weniger schädliche *Ho-Hei*-Richtung. Falls Sie dieses letztere Zugeständnis machen wollen, sind jedoch einige Vorkehrungen erforderlich, eventuell auch ein Unterdrücken der jeweiligen Elemente-Eigenschaft, die für Sie bei der *Ho-Hei*-Richtung gegeben ist. Im übrigen ist es immer richtig, das eigene Element im generativen (nährenden) Kreislauf zu unterstützen.

Die Türausrichtung

Die denkbar beste Möglichkeit, die Sie bei gegebenen Verhältnissen vorfinden können, liegt darin, daß Ihr Eingang Ihre Sheng-Chi-Blickrichtung hat. Denn sie repräsentiert buchstäblich Ihren *Lebensatem*. Falls Sie mit Ihrem Architekten den Bau eines Hauses besprechen, so sollte sich der Eingang idealerweise an der Sheng-Chi-Richtung orientieren. Eine Abweichung von ein bis fünf Grad von der besten Himmelsrichtung ist durchaus zu tolerieren und hat unter Umständen sogar Vorteile, weil die Wirkung so nicht zu intensiv ist.

Hier ist jedoch auf einige Ausnahmen einzugehen, bei denen die Eingangstür nicht in die beste Himmelsrichtung zeigen sollte. Statt dessen ist eine andere vorteilhafte Richtung – zum Beispiel Nien Yen oder Fu Wei – in diesen Fällen eine gute Wahl. Dies ist bei Personen mit einem Individual-Signifikator 1 oder 9 der Fall, die der Ostgruppe angehören. Sheng Chi sollte hier vorzugsweise nur von Menschen mit Signifikator 3 oder 4 benutzt werden.

Entsprechendes gilt für Westgruppen-Angehörige. So weist Lilian Too darauf hin, daß unter ihnen nur die Personen mit Signifikator 2, 5 oder 8 ihre beste (Sheng-Chi-)Richtung für die Türausrichtung des Eingangs nutzen sollten. Der Grund liegt darin, daß sonst West- und Ostgruppenverhältnisse durcheinandergeraten. Wohnen mehrere Personen im Haushalt, richtet man sich bei der Türausrichtung nach der Person, welche die Familie hauptsächlich ernährt.

Die Haustür in Sheng-Chi-Richtung ist häufig optimal

Eingangstüren haben eine besondere Wirkung

Der Tür wird eine besondere Wirkung auf das Wohlergehen und den Erfolg der Bewohner zugeschrieben. Beachten Sie, daß in Hochhäusern, aber auch in kleineren Mehrfamilienhäusern, die Eingangstür des Hauses größere Bedeutung hat als die Tür der Wohnung. Achten Sie also zuerst auf die Himmelsrichtung vom Straßeneingang her (beim Blick von drinnen nach draußen), wenn Sie beurteilen wollen, wie günstig eine gegebene Wohnsituation für sie ist. Wohnungen, deren Türen sich auf einen Laubengang öffnen, lassen sich unabhängig vom Hauseinang analysieren.

Es durchaus möglich, durch erheblichen Feng-Shui-Aufwand im Inneren eine ungünstige Türausrichtung einigermaßen auszugleichen. Doch oft stellen sich in kritischen Lebensphasen trotz aller Maßnahmen Probleme ein. Dann ist es trotz allem an der Zeit, sich nach einer Bleibe mit einer besseren Türausrichtung umzusehen.

Den Eingang schützen

Entscheidend für den Eingang ist, daß auf ihn keine versteckten Pfeile wirken. Am Anfang des Buches wurde bereits darauf hingewiesen, daß sich vor dem Eingang keine Bäume oder Laternenpfähle befinden sollten. Ungünstig wirkt ebenfalls, wenn sich vor einem Hauseingang ein Vis-à-vis mit einer Dachspitze befindet, die auf Ihre Tür zeigt. Das gilt auch für ein Kirchenkreuz, einen Schornstein oder für eine Mauerkante. Falls Sie in einem solchen Haus wohnen, können Sie – wie erwähnt – einen Spiegel anbringen, und zwar in einem schrägen Neigungswinkel, so daß gleichsam die Spitze von Baum oder Pfahl zum Himmel hin gespiegelt wird.

Durch die Schrägstellung des Spiegels wird vermieden, daß mit seiner Hilfe negative Energie in die Nachbarschaft hineinreflektiert wird. Ein wichtiger Feng-Shui-Grundsatz lautet schließlich, daß durch Feng-Shui-Maßnahmen andere Menschen nicht benachteiligt werden dürfen.

Auch im Inneren sollte man sich beim Betreten von Wohnung, Haus oder Büro nicht pfeilartigen Gebilden gegenübersehen, die sich auf Hereinkommende richten. So gibt es heute modische Schuhschränke, die wie ein Obelisk aussehen und mit einer Spitze versehen sind. Bei ungünstigen Platzverhältnissen wirken sie im Eingangssektor geradezu fatal. Falls Sie einen solchen Schrank nicht einfach hinter einem Vorhang verschwinden lassen wollen, gibt es immerhin eine Möglichkeit, durch die Sie die angreifende Pfeilqualität mildern. Besorgen Sie sich eine silberne Dekor-Kugel, die wie Weihnachtsbaumschmuck aussieht. Sie können damit die Spitze eines solchen Schranks kaschieren.

Als angreifende Pfeile wirken im übrigen auch Kleiderständer, die wegstehende Äste für Bügel haben. Diese Zweige wirken manchmal wie Dornen, die den Hereinkommenden, der sie nur im Unterbewußtsein so wahrnimmt, regelrecht aufspießen. Wählen Sie lieber eine harmonische Dekoration, die Eintretende von Anfang an auf das Thema einstimmt, das Sie Ihrer Wohnung oder Ihrem Haus geben wollen. Generell gilt, daß ein ungeschriebenes, aber spürbares Script der Wohnung vorhanden ist, sobald wir den Fuß über eine Schwelle setzen.

Suchen Sie für den Eingangsbereich daher passendes Dekor mit ganz besonderer Liebe und mit viel Bedacht aus. Es lohnt sich gewiß, Ihren Eingang mit Glückssymbolen ausstatten. Manche Menschen bevorzugen das ägyptische Ankh-Kreuz, andere lieben indianische Motive oder chinesische Zeichen. Wichtig ist allein, daß diese Dinge eine Bedeutung für Sie haben.

Diele und Flur: Fächer und Spiegel

In vielen, vor allem kleineren Wohnungen fallen Eingang und Diele oder Flur zusammen, oder sie gehen ineinander über. Machen Sie mehr daraus als nur einen Durchgangsraum mit Kleiderständer und Hutablage. Bedenken Sie, daß sich von hier die Energie in alle anderen Räume Ihrer Wohnung verteilt. Schon aus diesem Grunde sollte dieser Bereich ein eigenes, unverwechselbares Flair haben.

Statten Sie Ihren Eingang mit Glückssymbolen aus

Ein Fächer vor einem Zimmereingang drückt Chi in den anschließenden Raum

Da hier die Weichen für den Energiefluß in die anderen Räume gestellt werden, empfiehlt es sich, für einen zügigen Weitertransport der Chi genannten Lebensenergie zu sorgen. Gute Möglichkeiten bieten hier vor allem Wandfächer, die in einer ganz bestimmten Art und Weise an der Wand zu befestigen sind (s. Abbildung S. 83 und unten). Verwenden Sie zur Montage Klebe-Pads, zum Abstützen eventuell noch einen flachen (jedoch keinen hervorstehenden) Haken oder Dübel, auf den Sie den Fächer auflegen.

Achtung: Nageln Sie den Fächer nicht fest. Schließlich nimmt ein Wandfächer viel Chi auf und leitet es weiter. Daher verträgt er keinen hindernden Nagel.

Wie in allen anderen Räumen befördern Fächer auch im Flur- und Eingangsbereich Chi (Lebensenergie) sehr gut weiter.

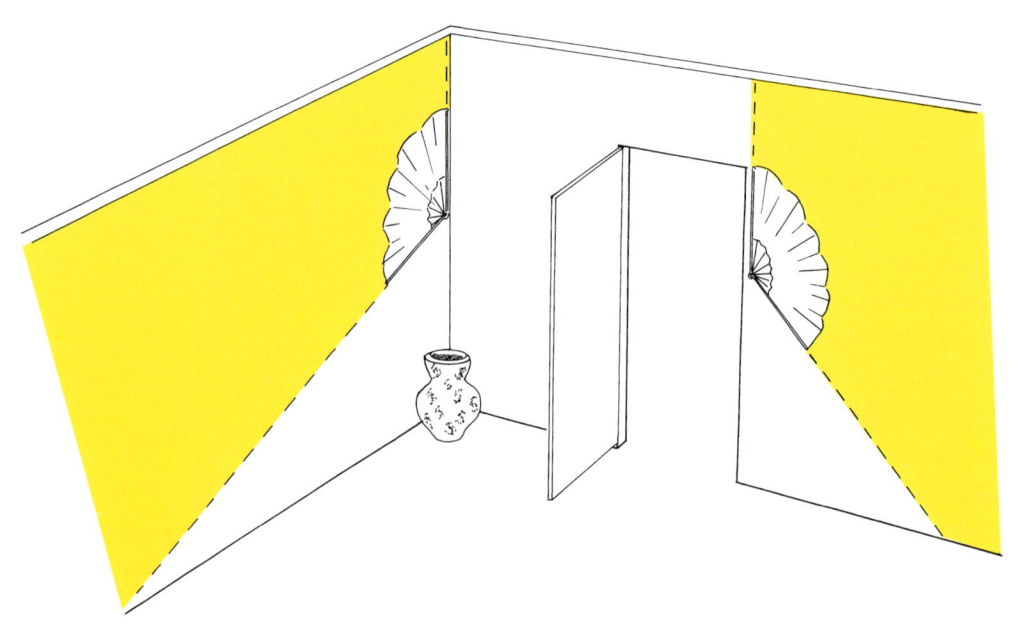

Wohnräume, Lifestyle und persönliche Entfaltung

Schaffen Sie einen Raumschwerpunkt, auf den Mobiliar und Dekor hinorientiert sind Er sollte sich in einer der vorteilhaften Himmelsrichtungen bzw. Raum-Segmente befinden.

Jeder harmonisch gegliederte Raum hat darüber hinaus weitere (sekundäre) Schwerpunktzonen, die optisch zueinander in einem positiven Spannungsverhältnis stehen, etwa so wie Gruppen von Bergen einen dem Auge angenehmen Höhenzug ergeben. Unterstützen Sie diese Bereiche wie den zentralen Raumschwerpunkt durch gezielt plazierte Blickfänge, an denen das Auge gerne einen Moment haften bleibt. Hierzu gehören zum Beispiel achteckige Spiegel, die nach der Feng-Shui-Lehre zudem auch Glück bedeuten; außerdem Fächer, Bilder, Statuen, Lampen usw.

Strukturieren Sie den Raum zusätzlich, indem Sie ihm durch vielfältige Vorder- und Hintergrundfacetten Tiefenwirkung geben. Das bedeutet zum Beispiel, daß Schränke, Borde, Regale, Bilder und

Spiegel zum Teil versetzte Linien bilden, die zusammengenommen sehr harmonisch wirken, gleichzeitig dem Auge aber kleine Überraschungen bieten.

Dabei ist grundsätzlich eines zu beachten: Lassen Sie nie disharmonische Löcher oder „Blicksprünge" zwischen Wohnelementen entstehen. Ebensowenig soll es vorspringenden Pfosten, Ecken und Kanten geben. Zum einen können diese nämlich als versteckte Pfeile wirken, zum anderen stören sie die Raumsymmetrie und das Harmoniegefühl. Nicht unwichtig ist auch die Wohnzimmerform. Prinzipiell favorisiert Feng Shui aus Gründen der Symmetrie immer die rechteckige Grundrißform, was auch für das ganze Haus und für das Grundstück gilt, auf dem es steht.

Häufig vorkommende L-förmige Zimmerformen gelten als vergleichsweise ungünstig. Unter anderem hat dies seinen Grund in der möglichen Analogie zu einer Hacke oder einem Beil. Doch das Problem kann gelöst werden. Eine gute

Möglichkeit besteht darin, eine hohe oder große Lampe in den Eckpunkt zwischen beiden Raumteilen zu stellen. Sie gibt Chi in Form von Licht gleichmäßig zu beiden Raumzweigen hin ab. Die Energie wirkt auch in der Zeit, in der die Lampe nicht brennt, wie eine Art Prägung weiter.

Die Ablehnung L-förmiger Anordnungen gilt auch für Sitzgruppen. Bei ihrer Plazierung sollte darauf geachtet werden, daß in sich geschlossene Arrangements der Möbel entstehen. Deshalb sind L-förmige Couchen normalerweise nicht vorteilhaft. Eine U-Form ist dagegen harmonisch. Allerdings läßt sich eine L-Form ausgleichen (siehe auch Abbildung).

Günstig ist eine Sitzecke dann positioniert, wenn man von ihr aus bequem den Eingangsbereich überblicken kann, entweder direkt oder aber indirekt über

Ein L-förmige Couch wird durch einen Beistelltisch und ein Zweier-Sofa zu einem U um den Tisch integriert, mit dem zusammen ein Rechteck entsteht

Spiegel. Jedoch sollte sich die Haupt-Sitzposition nicht frontal gegenüber dem Eingang befinden, da man in dem Fall zu hart von der einströmenden Energie getroffen würde. Auch wenn man von dem durch die Tür in den Raum dringenden Chi beim Sitzen von der Seite getroffen wird, fühlt man sich meistens unwohl.

Genauso ist darauf zu achten, daß man beim Sitzen am Tisch kein Fenster im Nacken hat. Läßt sich dies aus Platzgründen nicht vermeiden, sollte ausreichende Fensterbegrünung für eine Art Schutzwall nach außen sorgen.

Es gibt eine Auffassung, die besagt, ein Sitz-Ensemble sollte nicht zu weit von einer Wand entfernt sein, da sonst der Schutz nach hinten fehlt. Dies läßt sich jedoch durch ein niedriges Regal ausgleichen, das in Couch-Höhe abschließt. Es puffert die Sitzgelegenheit in gewisser Weise ab.

Außerdem sollte man sich vergegenwärtigen, daß die Wand hinter einer Sitzgruppe gleichsam die hohe, schützende Schildkrötenformation darstellt.

Da Speisen den Wohlstand eines Haushalts symbolisieren, sollte der Eßecke oder dem Eßzimmer besondere Aufmerksamkeit gewidmet werden. Lassen Sie sich immer wieder neue Tisch-

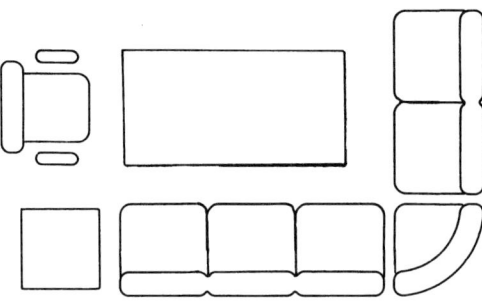

dekorationen einfallen. Zaubern Sie durch Kerzen Chi auf den Tisch. Blumen fördern ebenfalls die Lebensenergie im Eßbereich.

Um die kulinarische Fülle auf dem Eßtisch und den durch sie symbolisierten Wohlstand gleich zu verdoppeln, gilt es zudem als ausgesprochen vorteilhaft, bei einer Eßecke einen Spiegel anzubringen, möglichst eine Spiegelwand vom Boden bis zur Decke. Achten Sie aber darauf, daß die durch den Eingang kommende Energie nicht zurückgespiegelt wird. Auch darf der Spiegel bei den am Tisch Sitzenden optisch den Kopf nicht vom Körper trennen. Daher ist eine bestimmte Höhe wichtig.

Das Wohnraum-Umfeld

Es ist grundsätzlich vorteilhaft, wenn Wohnräume nahe der Eingangszone liegen. Nach Möglichkeit sollte man das Wohnzimmer erreichen, ohne daß man erst umständlich durch andere Räume gehen oder über einen langen Flur marschieren muß. Dieser Aspekt kann gelegentlich bei der Entscheidung wichtig sein, welches Zimmer der eigentliche Wohnraum werden soll.

Doch es gibt zwei unterschiedliche Auffassungen darüber, wie eng Eingang und Wohnbereich beieinanderliegen sollten. Die einen meinen, es sei geradezu fatal, wenn man buchstäblich vom Eingang mit der Tür ins Wohnzimmer fällt. Dann nämlich, wenn es keinen oder nur einen winzigen Flur dazwischen gibt. In solchen Fällen könnten Paravents oder Raumteiler hilfreich sein.

Auf jeden Fall wirkt eine Tür dazwischen günstig, auch wenn es nur ein kleine Schiebetür ist. Bei großen Flächen (zum Beispiel Wohnlandschaften) sollte es ebenfalls gliedernden Strukturen geben, die den Eingangsbereich vom Wohnzentrum optisch trennen. Andernfalls könnte es ein Mensch schwer haben, sich in seinem sozialen Umfeld abzugrenzen. Ihm fehle dann die stabile Haut nach außen.

Blumen und Spiegel für den Eßbereich

Zweierlei -Wohnraum- Philosophie

Die Auffassung, die von Lilian Too vertreten wird, sieht das anders. Danach kommt durch einen direkten Zugang in den Wohnbereich sofort Leben ins Haus. Wichtig ist jedoch, daß keine Toilette zum Eingangsfeld gehört. Diese sollte strikt vom Wohnsektor getrennt sein. Wahrscheinlich wird man die grundsätzliche Frage, ob Eingang und Wohnraum eine Einheit bilden sollten oder nicht, je nach Persönlichkeit unterschiedlich beurteilen. Menschen mit Abgrenzungsdefiziten tun wahrscheinlich gut daran, eine Pufferzone in Form einer Diele einzurichten.

Wer dagegen mit Kontaktschwierigkeiten zu kämpfen hat, dürfte ebenso wie Typen, die sowohl kontaktstark als auch abgrenzungsfähig sind, mit der zweiten Variante gut fahren. Das bedeutet, daß Sie das Leben ohne Schleusenzone direkt an sich heranlassen. Auf diese Weise hat man die Chance, schon von der Wohnsymbolik her kontaktfreudig zu leben.

Zeit zu leben, Zeit zu arbeiten

Arbeits- und Freizeitbereich optisch trennen

Für Feng Shui sind Schlafzimmer (persönliche Regeneration), Küche (materielle Nahrungsaufnahme) und Arbeitsraum (Karriere/Erfolg) ebenso wichtig wie das Wohnzimmer. Während unserer Yang-Phase (Wachzustand) in der Freizeit halten wir uns aber überwiegend im Wohnzimmer auf. Das hat vor allem für die Aufteilung dieses persönlichen Lebenszentrums Konsequenzen.

Falls die räumlichen Gegebenheiten es erlauben, sollte sich im Wohnzimmer keine Arbeitsecke befinden. Es hat damit zu tun, daß man besser von seinen Pflichten abschalten kann, wenn es für den Arbeitsbereich einen eigenen Raum

gibt. Natürlich ist das nicht überall machbar. Zumindest sollte es aber keinen nahtlosen räumlichen Übergang zwischen Wohnen und am Schreibtisch zu erledigenden Aufgaben geben.

Wenn Freizeit und Arbeit optisch nicht hinreichend voneinander abgegrenzt sind, wird man abgelenkt, sobald man sich konzentrieren will. Selbst wenn Sie denken, Sie könnten beides gut auseinander halten, wirkt der Raum doch immer als eine Art seelischer Anker auf Ihr Unbewußtes.

Durch Raumteiler oder einen Paravant läßt sich ein Arbeitsbereich vom eigentlichen Wohnsektor trennen. Beachten Sie dabei die optimalen Harmoniemaße.

Genauso wie im Wohnsektor das Abschalten gefödert wird, muß es im benachbarten Arbeitsbereich möglich sein, sich gut zu konzentrieren. Schaffen Sie sich eine Lichtquelle, die das Chi auf Ihren Arbeitsplatz bündelt.

Beschränken Sie die optischen Eindrücke in Ihrem Blickfeld auf ein einzelnes Symbol. Das kann beispielsweise ein abstraktes Bild sein. Ein solcher Blickfang schränkt den Gedankenstrom ein, stimuliert aber über seine Farben. Auf diese Weise werden Ablenkungsmöglichkeiten, die sonst durch das Bild entstehen könnten, vermindert.

Der günstigste Platz für Ihr Kind

Gemäß Feng-Shui-Tradition gibt es eine Richtung, die ganz allgemein mit Kindern in Verbindung gebracht wird. Diese Richtung ist der Westen, der dem Trigramm Tui zugeordnet wird, und der für die kreative Energie eines heiteren Anblicks, für Freundlichkeit und Unbekümmertheit steht.

Meistens eignet sich die Westseite besonders gut fürs Kinderzimmer, sofern es sich nicht bei dem Kind oder einem der Eltern um eine negativ belastete Richtung nach dem individuellen Richtungsschlüssel handelt. Zumindest sollte Westen für Vater oder Mutter nicht zu den drei schlechtesten Bereichen gehören. Denn bei diesen Segmenten handelt es sich der Überlieferung nach um archetypische Bereiche, die mit negativen Einflußfeldern der Nachkommen zu tun haben.

Im Idealfall sollte das Kinderzimmer in einem Segment liegen, das nach dem Richtungsschlüssel in einer prosperierenden Zone (*Lebensatem*, *Himmlischer Doktor*, *Langes Leben*) liegt. Es sind also mehrere Gesichtspunkte, die bei der Wahl des richtigen Platzes fürs Kinderzimmer ins Gewicht fallen. Optimieren Sie die Situation dadurch, indem Sie einen Bereich auswählen, der nach den genannten Kriterien die wenigsten negativen Einflüsse aufweist.

Selbstverständlich muß man bei begrenztem Wohnraum Kompromisse machen. Sollte kein optimaler Raumsektor für Ihr Kind zu finden sein, so müßten doch drei Positionen im Kinderzimmer unbedingt positiv besetzt sein: Das Bett, der Platz für Schulaufgaben und kreatives Hobby sowie die Spielecke. Ihr Kind sollte so schlafen, daß es mit dem Kopf zu seiner besten Himmelsrichtung hin liegt. Denklen Sie aber daran, daß seine Füße, wenn es im Bett liegt, nie direkt auf die Zimmertüre oder auf ein Fenster zeigen sollten.

Die Gesundheit des Kindes wird durch die drittbeste Raumposition innerhalb der Wohnung unterstützt, die *Himmlischer Doktor* (Tien Yi, s. S. 72) heißt. Sie ist vor allem dann wichtig, wenn Ihr Kind

Quantitative Elemente-Beziehungen berücksichtigen

einmal eine langwierige Krankheit hat. Das Kopfende des Kinderbettes wird dann eher in diese Richtung zu plazieren sein. Bei der Ausrichtung der Schlafstatt sind aber auch andere Gesichtspunkte von Bedeutung.

Gute Nacht, Schatz …

Das Bett darf nicht von einer gedachten Linie durchschnitten werden, die von der Tür zum Fenster führt. Hängen Sie gegebenenfalls ein Windspiel ins Fenster, um den Energiedurchzug zu blockieren.

Ihr Kind sollte auf keinen Fall direkt mit den Füßen zur Tür oder zum Fenster hin schlafen. Denkt man sich eine gerade Linie von den Beinen aus weiter, die irgendwo neben Tür oder Fenster endet, ist dies meist jedoch akzeptabel.

Falls Sie zur Ausrichtung des Kinderbettes eine weitere Orientierung haben wollen, so lassen Sie das Kind eventuell so schlafen, daß es mit dem Kopf zur Tür hin liegt.

Jes Lim schlägt dies auch bei Erwachsenen vor, da man nach seiner Meinung nachts besser abschalten kann, wenn die fiktive Blickrichtung von der Eingangstür wegweist. So soll ein Stück unbewußter Kontrolle abgegeben werden. Dem ist jedoch entgegenzuhalten, daß

Der Platz des Kinderbettes muß genau geprüft werden

Erwachsene durch ihre Lebenserfahrung meist schon so auf Dinge-in-den-Griff-bekommen und ein zwanghaftes Kontrollieren von Umständen konditioniert ist, daß es auf jeden Fall eines Gewöhnungsprozesses bedarf, um den Eingang nachts aus der Achtsamkeits-Perspektive zu entlassen. Das gilt in gleicher Weise für hypernervöse oder ängstliche Kinder.

Man kann aber mit dem Kind darüber sprechen, ob es für eine Nacht einmal bewußt den Kopf von der Tür abwenden will. Man kann es neugierig machen auf Träume, die es in dieser Schlafposition möglicherweise haben wird. Das Erproben neuer Gewohnheiten sollte mit dem Kind schrittweise eingeübt werden.

Achten Sie auf jeden Fall darauf, daß Ihr Kind mit dem Kopf nicht zu einer seiner schlechten Himmelsrichtungen hin schläft.

Es empfiehlt sich auch, einen Paravent aufzustellen, der das Kinderbett zur Tür hin abschirmt. An der Stellwand können Sie lustige Figuren aus Pappe (Mickey Mouse, Donald Duck) befestigen.

Für kleine Überflieger

Der Arbeitsplatz für den Nachwuchs sollte wie das Bett in die beste, also die *Sheng-Chi*-Richtung des Mädchens oder Jungen zeigen, so daß das Kind genau dorthin schaut.

Positiv wird es reagieren, wenn es schon relativ früh einen eigenen Arbeitsbereich zur Verfügung hat, mit Pinnwand, Regal, Platz für Stifte, Radiergummi, Schreibunterlage, Notizblock, Ordner für Schulunterlagen, Klarsichthüllen, Fächern zum Ablegen und Sortieren. Bei kleineren Kindern bringt man statt einer klassischen Pinwand aus Kork natürlich lieber eine Metalltafel an und befestigt daran Zeichnungen oder Bilder mit Magneten. Es gibt sie auch in einem bunten Design, das Kinder anspricht.

Ein Zimmerbrunnen in diesem Bereich des Kinderzimmers wird (bei Größeren) die Leistungsfähigkeit und Motivation für die Schulaufgaben unterstützen. Falls Ihr Kind jedoch das Element Feuer hat, wäre er kontraproduktiv. Und wenn es zu Metall gehört, sollte ein Brunnen (namentlich im persönlichen Trigramm) eher im Hintergrund gehalten werden. Andernfalls gibt Ihr Kind Energie an den Wasserfluß ab (Metall nährt Wasser).

Kinderspaß

Die Spielecke sollte in einem hellen, freundlichen Bereich des Kinderzimmers liegen. Wichtig ist bei der Einrichtung des Kinderzimmers nach Feng-Shui-Prinzipien, darauf zu achten, daß sich keine versteckten Pfeile auf den Nachwuchs richten. Andererseits könnte es den Kindern natürlich ganz schön lästig werden, wenn man sie ständig ermahnt, die Ecke von einem Karton nicht auf ihren Körper zu richten, oder wenn man ständig hinter ihnen her räumen würde. Es geht bei der Vermeidung versteckter Pfeile in erster Linie um die feststehenden Einrichtungsgegenstände im Kinderzimmer. Wenn man sich darauf konzentriert, entstehen auch kaum Probleme.

Vermeiden Sie versteckte Pfeile

Eine wichtige Frage ist, ob es Spielzeug mit günstigem oder weniger günstigem Feng Shui gibt. Dinos in jeder Form sind bei Kindern offenbar auch ein paar Jahre nach der ersten Begeisterungswelle um Dinosaurier noch immer sehr beliebt. Beachten Sie dabei, daß es Dinos gibt, die etwas Lustiges, Fröhliches darstellen, Figuren mit großen Augen und einer guten Ausstrahlung.

Andere Figuren dieser Art repräsentieren dagegen das negative Saurier-Erbe im Menschen, das Kinder entweder zu Aggressivität oder zur Opfermentalität stimulieren könnte. Dabei sollte man nicht vergessen: Jedes figürliche Spielzeug kann psychische Projektionsenergie aufnehmen und eine bestimmte Energie zurückzuspiegeln.

Nun brauchen Kinder sicher auch ihre

Dämonen, die ja in vielen heißgeliebten Märchen vorkommen. Erwachsene sollten im Gespräch mit den Kleinen die kindliche Auseinandersetzung mit diesen Energien begleiten und positiv lenken. Auf diese Weise unterstützen sie Prozesse, die Ängste und Aggressionen der Kinderseele ein Stück weit abzubauen. Und vielleicht gelingt es sogar, dem Kind beizubringen, daß eine Hexe nicht nur böse ist, sondern auch verletzlich sein kann, und daß sie an sich selbst und an der Welt leidet. Kann man ihr also etwas Gutes tun, damit sie auch einmal auf freundliche Gedanken kommt?

Spielzeug soll positive Energie abstrahlen

Andererseits kann das Kind gerade an solchen Figuren lernen, sich mit Negativem auseinander zu setzen und sich zu wehren. Hat es einen guten Zauberer, der die Hexe mit einem Bannspruch in Schach hält? Und wo kann das Kind die Hexe aufbewahren, damit sie nichts anrichten kann?

Im allgemeinen sollten Kinder Figuren zum Spielen haben, die positive Energie abstrahlen. Vermeiden Sie bei Spielzeug aggressive Formen, Ecken und Kanten. Runde Formen sind meist harmonischer als spitzzackige Geräte und Spielzeuge.

Im Zusammenhang mit „bösen" und „guten" Figuren steht auch der Umgang mit Kriegsspielzeug. Es den Kindern ganz vorzuenthalten, wird manchmal schwerfallen, zumal die Kleinen über Spielkameraden unter Umständen ohnehin an Gewehre, Pistolen, Panzer kommen. Wenn ein Kind unbedingt Waffen und Soldaten haben will, ist es jedenfalls wichtig, es psychologisch zu begleiten und ihm schließlich beizubringen, daß Verhandeln ehrenvoller ist, als den Gegner zu unterwerfen.

Lassen Sie mit der „Gegenseite" Friedensverträge aushandeln, die nicht gebrochen werden. Lassen Sie das Kind eher eine „Truppenparade" abnehmen, als seine Spielzeugarmee Schlachten schlagen. Dasselbe gilt natürlich ebenso für Space Invadors und anderes Kriegsspielzeug des Raumzeitalters.

Kinder-Elemente

Besonders wichtig ist auch der optimale Element-Ausgleich zwischen Ihnen und Ihrem Nachwuchs sowie für die Kinder untereinander. Prinzipiell ist es gut, wenn im Kinderzimmer möglichst viele Farben vorkommen, damit sehr unterschiedliche Wesenszüge abgedeckt und gefördert werden.

Dominierend sollte die Farbe im Kinderzimmer sein, die im generativen Kreislauf das Element Ihres Kindes nährt und unterstützt, Rot zum Beispiel das Erdelement, Blau das Holzelement. Die Farbe, die zu seinem eigenen Element gehört, deckt ebenfalls gut seine emotionalen Bedürfnisse ab und bietet ihm ein sinnliches Milieu für eine gute Entwicklung. Dieser Gesichtspunkt lädt gerade dann zum kreativen Spiel mit verschiedenen Möglichkeiten ein, wenn Sie mehrere Kinder haben und die Farben in den generativen Kreisläufen vielleicht nicht ganz vereinbar sind. Beispiel: Ein Kind hat das persönliche Element Holz, ein anderes Erde. Vergegenwärtigen Sie sich: Wasser bringt Holz hervor (Farbe Blau) und Feuer bringt Erde hervor (Rot). Beide Farben zusammen im Zimmer können zwar auch auf anregende Weise polarisierend wirken, doch Blau wird als Wasser-Symbolik von einer bestimmten Konzentration und Intensität an Rot (das Feuer) löschen.

Eine Farbe, die nicht ins Auge springt, sondern dezent im Hintergrund bleibt, kann dazu beitragen, Element-Konflikte in Grenzen zu halten. In angemessener Dosierung wird jedes Element aus dem angreifenden bzw. kontrollierenden Zyklus in Grenzen sanft regulierend wirken. Nur sollte man in dem Bereich des Element-Ausgleichs ein wenig Erfahrung bzw. Fingerspitzengefühl haben, bevor man experimentiert, damit man genau weiß, was man tut.

In den meisten Fällen ist es auch im Kinderzimmer am besten, auf den destruktiven Zyklus zu verzichten. Schließlich ist das Problem sich störender Elemente zwischen zwei Kindern oder zwischen Elternteil und Kind zu bedenken. Dabei gelten ganz einfache Tips:

Stützen Sie das Element des Kindes, das durch das Element eines anderen Kindes (oder des Erwachsenen) angegriffen wird. Bringen Sie also das nährende Element für eben dieses angegriffene Element ins Kinderzimmer oder verstärken Sie die Element-Farbe, in der das Kind sich wiederfindet.

Wählen Sie Farben, die das Element Ihres Kindes nähren und unterstützen

Schlafzimmer als Regenerations- und Beziehungsort

Die optimale Ausrichtung der Schlafzimmertür und das richtige Aufstellen des Bettes – das Kopfende sollte in die beste persönliche Himmelsrichtung zeigen – sind wichtige Kriterien, die nicht nur zu erholsamem Schlaf führen, sondern eventuell auch das Liebesleben unterstützen können.

Regeneration im Schlaf heißt auch Reproduktion des eigenen Energiestromes

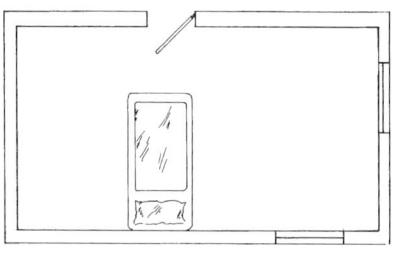

Sie wissen: Die Schlafrichtung darf nie mit den Füßen direkt zum Fenster zeigen

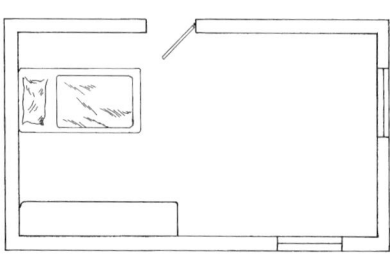

Achten Sie auch darauf, daß Ihr Bett auf keinen Fall so steht, daß Ihre Füße direkt zur Tür zeigen

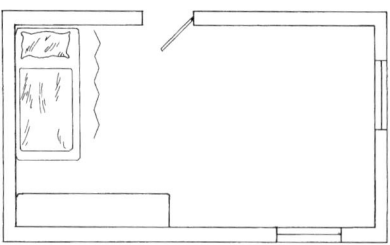

Richtig: Das Bett befindet sich in einer Ruhezone des Raumes und ist zur Tür hin durch einen Paravent abgeschirmt

und der inneren Verbindung zu den Kraftquellen, die von außen wirken.

Es muß nicht unbedingt die Sheng-Chi-Richtung sein, nach der Sie Ihr Bett aufstellen. Auch Ihre drittbeste Richtung (der *Himmlische Doktor*) kann vor allem bei empfindlicher oder angeschlagener Gesundheit positiv wirken. Halten Sie sich an folgende Regeln:

Schlafen Sie nie mit den Füßen direkt zum Fenster hin, denn dann geht die Lebensenergie im wahrsten Sinne des Wortes zum Fenster hinaus.

Auf keinen Fall sollen die Füße direkt zur Türöffnung zeigen.

Sorgen Sie dafür, daß Sie sich von Ihrer Schlafposition aus nicht in einem Spiegel sehen können. Die persönliche Energie, die sonst auf Sie im Schlaf zurückgeworfen wird, könnte anderenfalls für Unruhe sorgen. Es heißt in der chinesischen Überlieferung dazu fast poetisch, die Seele verlasse nachts den Körper und könne bei seinem unerwarteten Anblick erschrecken.

Fenster sollen sich nach Möglichkeit nicht in Spiegelschränken reflektieren, wie sie häufig in Schlafzimmern gebräuchlich sind. Dies gilt auch für ganz gewöhnliche Spiegel. Es ensteht sonst leicht eine Störzone hin- und herströmender Energie.

Schlafen Sie mindestens einen halben Meter von Steckdosen und elektrischen Leitungen entfernt.

Falls Sie ein Schlafzimmer mit einer Dachschräge haben, sollte das Bett ebenfalls eineinhalb Meter von der geneigten Wand entfernt stehen.

Nach Möglichkeit soll Ihr Bett nicht auf einer Fluchtlinie zwischen Zimmertür und Fenster stehen, da man sonst vom Chi, das von einer Raumöffnung zur anderen strömt, energetisch *durchschnitten* wird. Läßt sich eine solche Anordnung jedoch aus räumlichen Gründen nicht vermeiden, kann man ein Windspiel vor dem Fenster anbringen, das den *Energiedurchzug* abblocken kann. Das Windspiel sollte allerdings so plaziert sein, daß es nicht über dem Kopf des Schlafenden schwebt. Sonst müßte anstelle des Windspiels ein kleiner Spiegel am Fenster angebracht werden, der die Energie teilweise zur Tür zurückwirft.

Um das Bett zur Tür hin abzuschirmen, läßt sich auch ein Paravent in die Fluchtlinie stellen. Man schläft dann meist viel ruhiger.

Zur Frage, ob man am besten mit dem Gesicht (Blickrichtung) zur Tür hin schlafen sollte oder von ihr abgewandt, gibt es zwei Meinungen. Beide Standpunkte haben je nach den Umständen etwas für

Ein Windspiel vor dem Fenster blockt den Energiedurchzug ab

sich. Zu überlegen ist dabei folgendes: Die Tür symbolisiert nicht nur den Energiestrom, der in einen Raum gelangt, sondern sie repräsentiert auch die Tagesereignisse, Aktivität von außen, sowie fremden Einfluß, der potentiell zu einem Menschen gelangen kann. Mit dem Gesicht zur Tür hat man folglich diesen sensiblen Bereich unter Kontrolle. Manche Menschen können sich viel besser entspannen, wenn sie so vom Bett aus die Tür im Blickfeld haben.

Der Individual-Signifikator hilft Ihnen, das Bett optimal zu plazieren

Das hat möglicherweise damit zu tun, daß man den Feind sofort ins Auge fassen kann, sobald er sich dem Schlaf- oder Rastplatz nähert. Andererseits gilt es als psychologisches Lernziel, daß man sich fallen lassen, die Kontrolle abgeben kann. Für das Vertrauen in der Partnerschaft mag es zum Beispiel durchaus positiv sein, in einer Position zu schlafen, von der aus man die Tür nicht im Auge hat. Gerade dann ist etwa ein Paravent oder ein anderer Raumteiler gut geeignet, den Schlafenden gegen den Energiestrom, der von der Tür kommt, in der Nacht abzuschirmen.

Bevor Sie sich für eine Schlafrichtung entscheiden, ist folgendes zu bedenken: Sobald Sie über mehrere Tage ein Gefühl des Unbehagens spüren, sollten Sie die Schlafrichtung wechseln. Für den Fall, daß Sie gerade lernen, wie man im Job oder auch im Privatleben Kontrolle über Situationen gewinnt, würde es Sinn machen, so zu schlafen, daß Sie die Tür im Blickfeld haben.

Wollen Sie aber besser als bisher entspannen, sollten Sie einfach beide Möglichkeiten ausprobieren. Sie merken dann sicher, welche Position günstiger für Sie ist.

Eine ausgesprochen wichtige Entscheidungshilfe bietet Ihnen letzten Endes Ihr Individual-Signifikator (persönliches Trigramm), der Ihnen eine für Sie positive Himmelsrichtung vorgibt.

Materialien fürs Bett

Die Diskussion darüber, ob Metallbetten gut oder schlecht sind, und was man von Wasserbetten zu halten hat, ist bis heute im Gange.

Grundsätzlich ist für ein Bettgestell Holz das beste Material, zumal es keine Leitfähigkeit für Elektrosmog, Kriechströme aus dem Mauerwerk oder Aufladungen vom Teppichboden her hat.

Modische Metallverzierungen an einem Holzbett sind nicht ungünstig, zumal sie den Element-Einfluß von Holz zu regulieren vermögen (positiv, wenn der Schlafende das Element Erde hat). Ähnliches gilt auch für das Element Wasser. In diesem Fall erhält Ihr chinesisches Element von dem in der Realität moderat vertretenen Metall auch noch Nahrung. Falls Sie selbst das Holz-Element haben, werden Sie sich wahrscheinlich ohnehin von einer Schlafstatt aus dem entsprechenden Material angezogen fühlen. Ein Metallbett ist dann nicht günstig.

Wasserbetten sind besonders ungünstig, wenn ein Mensch das Element Feuer hat (für ihn zerstörender Zyklus) oder Metall (abgebende Qualität). Ein Problem, das sich prinzipiell bei Wasserbetten ergibt, ist das Feng-Shui-Axiom, wonach nur bewegtes Wasser Eigenschaften hat, die Vitalität und Prosperität symbolisieren. Stehendes Wasser bedeutet eigentlich immer Stagnation, und der Inhalt eines solchen Bettes wird spätestes dann unbewegt sein, wenn niemand darauf liegt.

Für Menschen, die weder Holz- noch Metallbetten mögen, und die sich davon haben überzeugen lassen, daß auch Wasserbetten nicht unbedingt für sie geeignet sind, gibt es eine weitere Alternative. Menschen, die das Element Erde haben, werden sich in Betten mit textiler Oberfläche wohlfühlen. Hier gibt es kein Element, das sie angreift, kein Material, das ihnen Energie entzieht. Darüber hinaus handelt es sich um einen ganz natürlichen und neutralen Werkstoff, der zu jedem Element in passender Farbe oder Musterung angeboten wird.

Farben in Schlafräumen

Da das Schlafzimmer der intimste Raum einer Wohnung ist, spielt hier die Auswahl und Zusammenstellung der Farben eine besondere Rolle. Die Entscheidung für eine bestimmte Farbe wird sich danach richten, zu welchem Element Sie gehören und was Sie primär wollen. Dabei gelten die meisten Farbempfehlungen auch für andere Räume der Wohnung oder des Hauses.

Blau hat zum Beispiel etwas Beruhigendes, Kühles und eignet sich daher besonders gut für Menschen mit Schlafstörungen. Doch gibt es auch scheinbar paradoxe Reaktionen des Unbewußten.

Solange man unterschwellig auch noch im Schlaf bestrebt ist, Kontrolle auszuüben, hat man es ohnehin schwer, einzuschlafen. Das Unbewußte wird sich zunächst gegen jeden beruhigenden Einfluß wehren. Das dauert so lange, bis das Blau von außen ins Innere übergegangen ist und gleichsam emotional abgefärbt hat.

Um einen positiven Effekt auf die Schlafqualität bei ständig überreizten Nerven zu erzielen, ist der zweitbeste

Blau, die Farbe gegen Schlafstörungen

Wohnungs- bzw. Hausabschnitt (*Himmlischer Doktor*) optimal. Ein freundliches, leichtes Blau wird hier seine optimale Wirkung entfalten können. Bringen Sie aber auch ein beschwingtes Pink (zum Beispiel für Kissenbezüge, Überdecke oder Vorhangstoff) mit ins Spiel, um einen Ausgleich zu schaffen, der auch sanfte Erotik zuläßt und die friedlichen Aspekte des Blau noch erhöht.

Vermeiden Sie Blau, wenn Sie selbst Feuer oder Metall sind! Sollten Sie die genannten Elemente jedoch gleich doppelt und dreifach auf sich vereinen, wird ein blauer Himmel, Teppich-Boden oder eine Wand in dieser Farbe sicher entspannend auf Sie wirken.

Entscheiden Sie sich besonders dann für Blau, wenn Sie Wasser oder Holz repräsentieren. Sie gewinnen dann vermehrt Vorteile aus der Farbe – auch im Schlaf!

Grün stärkt emotionale Beziehungen

Grün gilt nach der Lehre von körperlichen Energiezentren, Chakren genannt, als Herzensfarbe, unabhängig davon, daß diese Farbe unter den Elementen Holz repräsentiert. Sie stärkt emotionale Beziehungen und die gefühlsmäßige Ausdruckskraft. Besonders wenn das Schlafzimmer im drittbesten Wohnungssegment liegt, das unter anderem für familiäre Beziehungen steht, kommt die Farbe gut zur Wirkung. Man wird dann darin unterstützt, sein Herz zu öffnen.

Ebenfalls in der zweitbesten persönlichen Richtung könnte etwa ein blaugrünes Schlafzimmer möglicherweise herzstärkende Eigenschaften besitzen. Ein bläulicher Anteil hätte etwas Beruhigendes, das besonders vom Herzen ausgehende Ängste milde ausgleichen könnte (Elementverträglichkeit vorausgesetzt). Wer von diesen Dingen betroffen ist, sollte kleine Tests durchführen, bevor sie oder er beispielsweise eine Schlafzimmerwand streichen läßt. Man fängt mit einem Bettbezug in der Farbe an und läßt die Farbe auf sich wirken. Was löst sie körperlich und emotional aus? Eventuell sollte man auch noch einmal eine leicht andere Farbnuance probieren.

Prinzipiell sollten in einem Schlafzimmer keine zu kräftigen Grüntöne vorherrschen, da die Farbe auch etwas mit Wachstum, Entwicklung, und vegetativer Kraft zu tun hat. In seiner Yang-Ausprägung (starke Farbtöne) wird es darin eher den für die Kraftmobilisierung zuständigen Sympathikus stimulieren, in seiner Yin-Form (leichte, in der Regel nicht zu helle Grüntöne und Türkis) dagegen den Parasympathikus ansprechen, der eher Entspannungszustände im Körper hervorruft.

Ungeeignet für das Schlafzimmer ist die Farbe Grün, wenn Sie persönlich dem Erd- oder dem Wasser-Element angehören, besonders günstig wirkt die Farbe dagegen, falls Sie Feuer, und gut, falls Sie Holz sind.

Erotik im Schlafgemach

Vergessen wir nicht, daß jeder Schlafraum auch mit dem Thema Liebe und Liebeserwartung verbunden ist. Auch diesem Lebensbereich kann durch Farben entsprochen werden.

Generell regt Orange – etwa als Überwurffarbe fürs Bett – die Beziehungsbereitschaft des Menschen an und in bestimmtem Umfang auch die Sexualfunktionen. Da relativ viele Gelbanteile darin enthalten sind, kommt Orange sogar für Personen in Frage, die in sich Metall darstellen und die von ausgesprochenen Rottönen matt gesetzt würden.

Es gibt Farbtheoretiker, die sogar der Auffassung sind, Orange könne als Einfluß über längere Zeiträume die Orgasmusfähigkeit fördern. Es ist eine Farbe, die lebendig macht, etwas Spielerisches hat und über vermehrte Vitalität auch die Sexualzentren berührt. In eine ganz ähnliche Richtung wirken Lachstöne.

Rot bedient die traditionell erotischen Raster. Es ist die Farbe der Leidenschaft und der Macht. Sie steht für eine emotionale Skala, die von Temperament bis über Aggression zu peinlichem Be-rührtsein (Erröten) reicht, aber auch bis zu Mut, Wagnis und latenter Gewaltbereitschaft. Die Farbe soll den organischen Energiefluß anregen, da sie mit Blut assoziiert wird. Als Bordeauxrot oder Aubergine repräsentiert Rot vor allem das Bodenständige, Pragmatismus, Kraft, etwas zum Anfassen und Lebensbasis. Bordeaux paßt daher gut für Elternschaft und materiellen Aufbau. Je stärker die Töne in bräunliche Varianten übergehen, desto mehr wird die ursprüngliche Feuer-Qualität von entsprechenden erdhaften Energien durchsetzt.

Ob reines Braun fürs Schlafzimmer unbedingt gut ist, sei dahingestellt. Immerhin fördert ein solcher Ton eher nüchterne Sachlichkeit. Schließlich will man im Schlafraum nicht immer nur schlafen.

Pink ist nicht nur die romantischste Farbe fürs Schlafzimmer, sie hat auch eine Qualität, die dafür sorgt, daß eines Tages aus Ego-betontem Sex doch mehr bedingungslose Liebe werden kann. Und dies geht bei den Qualitäten, die in Rosa (bzw. Pink) enthalten sind, über die Zweierbeziehung hinaus. Es steckt eine kollektive Botschaft darin, die die Liebe

Rot steht für eine breite emotionale Skala

zu einer Pflanze und Menschenfreundlichkeit mit enthalten kann. Die Bereitschaft, Fürsorge und Nähe zueinander zu empfinden, wird durch Pink tendenziell geweckt. Ein Stein, der von seiner Qualität gut dazu paßt, ist der Rosenquarz. Man kann ihn im Schlafzimmer verteilen.

Inkonsequent – wenn auch trendy – ist es daher, Pink mit Schwarz, der Farbe der Abgrenzung, zu kombinieren - von der Qualität her etwas Hingabe, aber eigentlich doch nicht ganz! Vorübergehend macht es allerdings Sinn. Dann nämlich, wenn man eher Ego-betonte Vorstellungen der Liebe loslassen will (Schwarz hier für Abschied), um zu einer vollständigeren und somit in der Farbentsprechung lichteren Form der Libido zu gelangen.

Lila und Magenta sind mächtige Farbtöne

Vorsicht mit Violett und Magenta. Die Farben haben unter anderem einen sehr spirituellen, fast sakralen Charakter. Es geht in dem Farbthema um Bereiche, die über die dinglichen und irdischen Belange hinausgehen. Der Autor hat damit einmal ganz eigene Erfahrungen gemacht: Es war alles für Weihnachten dekoriert. Da war Magenta, Lila und nochmal Magenta. Eine Serviette mehr, und plötzlich sah das ganze Arrangement nach einer Bestattungsfeierlichkeit aus.

Schnell einen Gegenstand in dieser Farbe weggenommen, und alles wirkte wieder festlich und harmonisch. Es gilt also, sehr dosiert mit diesen Farbtönen umzugehen, die übrigens ausgesprochen mächtig sind und auch dazu führen könne, daß man geistig abhebt. Wer sich gerade darin übt, Bodenhaftung zu gewinnen, sollte es also lieber mit erdigem Rot probieren.

Sowohl mit Farben als auch mit geeigneten Gegenständen, die sich den Elementen zuordnen lassen, gibt es fürs Schlafzimmer eine Möglichkeit, die Partnerschaft, in der man lebt, positiv zu beeinflussen. Sollten Sie und Ihr Partner zu unterschiedlichen persönlichen Elementen gehören, stärken Sie einfach im generativen Kreislauf das möglicherweise durch den Partner im destruktiven Kreislauf angegriffene Element. Das ist im übrigen auch eine gute Idee, wenn einer von beiden sexuell gerade eine etwas müde Phase hat. Ein farbliches Element, das den Partner im generativen Kreislauf unterstützt oder auch ein dekorativer Gegenstand können sich im erotischen Bereich positiv auswirken.

Gegenstände in Schlafräumen

Nach Feng-Shui-Auffassung bringt man keine religiösen Gegenstände ins Schlafzimmer. Der Grundsatz gilt für alle Objekte mit sakralem Charakter.

Ein Lampenschirm, der von einer Buddha-Figur getragen wird, ist dagegen regelrecht lebensbejahend. Einem strenggläubigen Buddhisten, der daran Anstoß nimmt, wird man wahrscheinlich entgegenhalten können, daß es bei einer solchen Darstellung viel eher um Buddha als Leitbild innerer persönlicher Meisterschaft geht.

Seien Sie aber vorsichtig mit anderen Gegenständen sakraler Bedeutung aus fremden Kulturen, auch aus dem Buddhismus, wenn es ums Schlafzimmer geht. Diese Dinge haben zum Teil eine enorme mentale Kraft, die in Verbindung zu mächtigen Archetypen oder morphogenetischen Feldern steht. Viele Leute wissen einfach nicht, was Sie tun, wenn Sie mit solchen Gegenständen umgehen. Selbst eine im Trend liegende Skulptur wie die des Tut-ench-Amun oder der Nofretete, Hieroglyphen auf Papyrosimitat und ähnliches sind in Schlafräumen problematisch. Denn im alten Ägypten spielte der Totenkult eine dominierende Rolle – dies dürfte für sich

sprechen. Leute, die sich mit fremden Kultgegenständen am unangemessenen Platz umgaben, sind vorzeitig ergraut, oder wurden von einer scheinbar unerklärlichen Schwermut erfaßt.

Vermeiden Sie auch Aquarien, Zimmerbrunnen und Wasserfallbilder im Schlafzimmer. Das Chi im Raum wird sonst zu sehr stimuliert, und man kommt schwer zur Ruhe, besonders dann, wenn man auf diese Dinge sensibel reagiert.

Der richtige Ort ist das Schlafzimmer hingegen für Landschaftsbilder mit Abendstimmungen, für erotische Motive, die – besonders vor einem farbigen Hintergrund – auch als Aktfotos in Schwarz-Weiß in Frage kommen.

Asiatische Fächer mit zarten Landschaftsmotiven oder floralen Aufdrucken sind ebenfalls positiv. Sie sorgen dafür, daß das Chi im Raum nicht stagniert. Positionieren Sie einen großen Fächer aber nicht über dem Kopfende Ihres Bettes, sonst wedelt er im übertragenen Sinne alles Chi von Ihnen fort.

Chinesische Symbole in Gold auf Rot und in anderen ansprechenden Farbkombinationen sind sehr oft Glückszeichen – bestes Feng Shui! Doch lassen Sie sich von jemandem, der fachkundig ist, das Symbol und seine Bedeutung genau erklären.

**Vorsicht
vor sakralen
Gegenständen
aus fremden
Kulturen**

Tips für die Küche

Die Lage des Küchensektors innerhalb eines Haushalts ist von wesentlicher Bedeutung. Allgemein gilt es zum Beispiel als nicht günstig, wenn der Bereich zum Kochen der Speisen dicht neben den Sanitärräumen liegt. Sollte dies jedoch der Fall sein, schafft ein Windspiel als Energieblocker eine gute Abhilfe. Man hängt es am besten im Flur zwischen diesen Räumen auf.

Als unvorteilhaft gilt auch, wenn man in der Küche beim Kochen die Tür im Rücken hat. Falls dies von den Stellverhältnissen her unvermeidlich ist, sollte man in Kopfhöhe einen (nicht zu großen) Spiegel an der Wand anbringen, damit man die Tür gut im Auge hat.

Speisen sind ein Symbol des Wohlergehens

Positiv ist es im übrigen ganz allgemein, in Höhe der Kochplatten einen Spiegel zu installieren. Der Spiegel hat hier den besonders positiven Effekt, daß er die Speisen – Symbol des Wohlergehens – gleichsam verdoppelt. Der Herd sollte grundsätzlich immer mit der Bedienungsseite zu einer Ihrer positiven Richtungen hin stehen. Das gilt auch für die Kabelseite von Schnellkochern, Toastern usw., sofern der Stecker ständig in der Dose bleibt. Wenn man dagegen eine ungünstige Richtung erwischt, soll das recht ungünstige Ereignisse anziehen können. Sorgen Sie also für eine positive Ausrichtung, die günstige Ereignisketten anzieht.

Wichtig ist auch, daß Herd und Naßbereich nicht auf derselben Küchenseite liegen, weil sich Feuer und Wasser sonst bekämpfen, was der Energie des Essens abträglich ist. Da eine solche Situation in westlichen Ländern jedoch in den meisten Haushalten vorliegt, sollte man zu einer eleganten Abhilfe greifen. Trennen Sie Spüle und Herd durch einen bis über Topfhöhe reichenden doppelseitigen Spiegel.

Und noch etwas: Falls eine Pantry in einem günstigen Raumsektor liegt, der über den Küchenabschnitt hinausgeht, sollte man Windspiele zur Energieabgrenzung anbringen, da die Kochstelle sonst das positive Chi wegbrennt.

Entdecken Sie schließlich, daß der Küchenbereich auch sein eigenes Flair hat. Wenn Sie zum Beispiel ein Liebhaber der italienischen Kochkunst sind, passen Fotos aus der Toskana in den Raum.

Arbeitsplatz:
Powerpoint für die Karriere

Spätestens von heute an werden Sie Ihren Schreibtisch als das „Allerheiligste" betrachten. Denn er bildet zweifellos das wichtigste Stück des Inventars, nicht nur für den Inhalt der Arbeit, sondern auch für das berufliche Vorwärtskommen. Wie er stehen sollte, ist ein Geheimnis für sich, das drei fundamentale Grundsätze beinhaltet.

Haben Sie nie die Eingangstür im Rücken. Sonst wird nämlich auch Ihre Aufmerksamkeit unbewußt oft ein Stück nach hinten gerichtet sein. Denn die Energie kommt durch die Tür ins Zimmer hinein, mit jedem Schritt, den jemand in den Raum setzt, und mit jedem Windzug, der hereinweht.

Es dürfte sich hier um sehr alte Instinkte der Territorialsicherung handeln: Menschen mit Gespür für solche Zusammenhänge fühlen sich ohnehin meist unwohl, wenn sie mit dem Rücken zu irgendeiner Tür – beispielsweise im Lokal – sitzen müssen. Man hat leicht das Gefühl, etwas sitze einem im (ungeschützten) Nacken, das sich der eigenen

Kontrolle entzieht. Auch wenn man sich dessen nicht ganz bewußt ist: Die Tür im Rücken macht einfach unruhig!

Vermeiden Sie auch, zu nah am Fenster zu sitzen oder es direkt im Rücken zu haben. Es heißt dazu, Mitarbeiter, die man loswerden will, gibt man in asiatischen Firmen einen Fensterplatz. Oft läßt es die räumliche Situation allerdings nicht anders zu, hier den Schreibtisch zu plazieren. Doch für eine solche Situation gibt es Abhilfen.

Es ist günstig, vom Schreibtisch aus die Bürotür zu überblicken. Gut ist es auch, wenn man kein Fenster direkt im Rücken hat

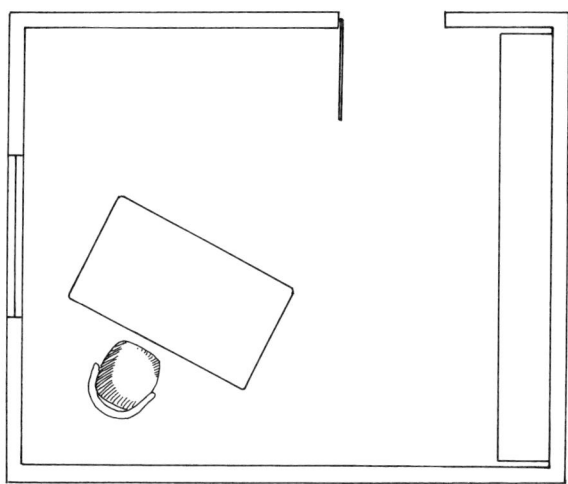

Stellen Sie sich sich zur Abschirmung entweder Pflanzen ins Fenster, oder hängen Sie ein Windspiel davor. Dies ist auch dann günstig, wenn Ihr Schreibtisch in einer Flucht zwischen Eingangstür und Fenster steht. Sie befinden sich in solch einem Fall nämlich im energetischen Durchzug, der Sie durchschneidet. Sie haben zudem die Möglichkeit, auf die Scheiben selbstklebende positive Symbole wie den Smily oder Ähnliches anzubringen.

Bilder strahlen Emotionen in den Raum

Stellen Sie sich, falls man Ihnen im Büro einen Arbeitsplatz mit Rücken zur Tür angewiesen hat, einen kleinen Spiegel auf den Tisch, durch den Sie – wie im Seiten- oder Rückspiegel eines Autos – wahrnehmen, was hinter Ihnen geschieht. Er sollte allerdings nicht so groß sein, daß er Energie, die von der Tür her kommt, zurückwerfen kann. In achteckiger Rahmung oder Form ist ein solcher Spiegel besonders positiv.

Eine gute Möglichkeit zur Schreibtisch-Abschirmung bietet schließlich ein Raumteiler, ein Paravent oder eine Regalwand (mindest bis über Kopfhöhe beim Sitzen), die nach hinten hin schützt.

Schreibtisch und Tür

Falls Sie selbst über die Position Ihres Schreibtisches entscheiden, richten Sie ihn nach der für Sie optimalen Himmelsrichtung aus. Das heißt, stellen Sie ihn so, daß Sie in Ihre Sheng-Chi-Richtung sehen. Beachten Sie auch, daß Sie möglichst weit entfernt von der Eingangstür sitzen, am besten so, daß Ihr Schreibtisch diagonal zu ihr steht. Das ist die Position von höchstmöglicher Raumkontrolle, der „Chefbereich". Grundsätzlich sollten Vorgesetzte im übrigen nie näher zur Tür als ihre Mitarbeiter sitzen, sonst wird man bald erfolgreich an ihrem Stuhl sägen, oder in der Abteilung kommt es, zumindest auf längere Sicht, zu zermürbenden Autoritätsproblemen.

Allgemein gilt auch, daß jemand, der vergleichsweise dicht am Eingang sitzt, mit seiner Aufmerksamkeit ständig bei der Tür ist. Auch diese Person kann sich nicht gut konzentrieren. Die Gedanken schweifen leichter ab zu irgendwelchen Dingen, die sich außerhalb des Raumes abspielen, und es herrscht geradezu ein Sog nach draußen.

Falls man eine Vorgesetztenposition in einem Großraumbüro oder in einer Bank bekleidet, sollte der eigene Arbeitsplatz zur Eingangstür hinter den Arbeitsplätzen der Mitarbeiter im Raum liegen, damit man sie ebenso wie die Tür im Blickfeld hat. Auf diese Weise hat man die gesamte Situation am besten unter Kontrolle.

Sarah Roßbach beschreibt, welche Auswirkungen eine optimale Schreibtischposition haben kann. Sie berichtet von einer Mitarbeiterin in einem Unternehmen, die lange ohne Gehaltserhöhung arbeitete. Schließlich sei ihr empfohlen worden, den Arbeitstisch von der Wand abzurücken, so daß sie die Tür in ihrem Blickfeld hatte. Nach wenigen Tagen – so Sarah Rossbach – habe die Frau „eine positive Änderung"

gespürt, und innerhalb eines Monats sei ihr Gehalt erhöht worden.

Dem Aufstieg Atmosphäre schaffen

Außer der Position des Schreibtisches am Arbeitsplatz gibt es einen weiteren Gesichtspunkt, der für eine kreative Entwicklung zu Hause oder für Ihre Karriere eine entscheidende Bedeutung hat.

Umgeben Sie sich mit Optimismus ausstrahlenden Symbolen und Bildmotiven. Einen Smily kann man sich zum Beispiel in Form eines Luftballons besorgen, aufblasen und irgendwo dekorativ plazieren. Muskeltest-Experimente ha-

Kristalle filtern die elektronische Strahlung

ben immer wieder ergeben, daß dieses Strichmännchen-Gesicht mit den nach oben gerichteten Mundwinkeln die Lebensenergie eines Menschen stimuliert. Und gerade am Arbeitsplatz ist das besonders wichtig.

Zusätzliche Energie können Sie sich durch Anbringen von Blasinstrumenten an der Wand in ihren Arbeitsraum holen. Sie sollten in einer bestimmten Schrägstellung zueinander befestigt werden, die Ba-Gua-Konfiguration genannt wird. In Frage kommen alle Arten von Flöten, diese sollten aber nie mit einem Nagel durchschlagen oder irgendwie beschädigt sein.

Zwei Trompeten sehen eventuell moderner aus, und sie bringen auch mehr Power. Dabei sollten die Instrumente aber im richtigen Verhältnis zur Raumgröße stehen. So kommen für ein kleines Bürozimmer eher Flöten oder Klarinetten in Frage, während Trompeten zu groß wären. Letztere hätten unter diesen Umständen statt der gewünschten Energie-Effekte eher Nervosität und Überreizung zur Folge.

Spezielle Symbole, die mit dem eigenen Beruf zu tun haben, unterstützen den Ideenfluß, und sie sorgen dafür, daß man eine „elektrische Verbindung" zu Menschen herstellt, die für die eigene

Symbole unterstützen den Ideenfluß

Laufbahn oder geschäftliche Entwicklung wichtig sein können. Bei einem technischen Beruf kann es sich zum Beispiel um grafische Motive handeln.

Bei Mitarbeitern in einem Wirtschaftsunternehmen empfiehlt sich das Foto eines Börsensaals mit entsprechend hektischer Atmosphäre. Finden Sie nach Möglichkeit heraus, ob die Aufnahme an einem Hausse-Tag und nicht vielleicht während einer Baisse gemacht wurde. Andernfalls könnte das Motiv eine ungünstige Ausstrahlung haben. Ähnliches gilt für alle möglichen anderen Fotomotive. Man sollte die Stimmung agierender Personen auf einem Bild auf keinen Fall unberücksichtigt lassen, noch nicht einmal das Wetter.

Sollten sich solche Hintergründe allerdings nicht recherchieren lassen, gehen Sie am besten davon aus, wie ein Bildmotiv Sie – ganz gleich worum es sich handelt – emotional berührt. Überlegen Sie sich, was Sie körperlich empfinden, wenn Sie die Aufnahme eine Minute lang betrachten - fühlen Sie Energie, oder sind Sie weich in den Knien? Damit haben Sie zugleich die Antwort.

Generell günstig sind auch im Arbeitsbereich Bilder von mächtigen Wasserfällen oder leicht bewegter See bei schönem Wetter. Auch ein Zimmerbrunnen in Arbeitsplatznähe ist ein ausgesprochen positives Dekor, ebenso wie ein Aquarium.

Allerdings kommt es darauf an, daß Sie nicht dem chinesischen Feuerelement zuzuordnen sind, wenn Sie so etwas in ihrem näheren Umfeld haben. Denn Wasser würde Ihr persönliches Element kontrollieren oder gar beeinträchtigen. Sie sollten es dann in respektvoller Distanz halten oder bei extremer Sensibilität ganz darauf verzichten.

Meist können Sie solche Wassersymbolik aber in begrenztem Umfang einsetzen, da der persönliche Energiefluß dadurch meist positiv stimuliert wird.

Das Büro-Umfeld

Nicht uninteressant ist auch die Position des Arbeitszimmers zu den übrigen Räumen der Umgebung. Ganz ähnlich wie es ungünstig ist, am Ende einer Sackgasse oder im Schnittpunkt einer T-Kreuzung zu wohnen, läßt sich Vergleichbares auch auf das Innere eines Bürohauses übertragen.

Falls der eigene Raum beispielsweise am Ende eines langen Korridors liegt, der genau auf die Eingangstür des Arbeitszimmers zuführt, befindet man sich im Einfluß einer frontalen Energieströmung. Wenn hier viele Menschen gehen, kann es im Alltagsstreß zur Belastung der Nervenkraft kommen.

Es ist deshalb unter Umständen sinnvoll, einen Ventilator so auszurichten, daß er auf den Eingang zeigt. Das Gerät ist aufgrund seiner Form in der Lage, die auftreffende Energie, die vom Gang her kommt, zu verwirbeln. Achten Sie darauf, daß es sich um ein Gerät in Chrom oder Weiß handelt. Es sollte nicht schwarz sein, da diese Farbe zu viele ungünstige Assoziationen bewirkt. Übrigens sollte man nach Möglichkeit auch schwarze Schreibtische und Büroschränke vermeiden, denn eine solche Arbeitsumgebung schluckt zuviel Energie. Holz in Weiß, Bordeaux, Naturfarbe oder in einem hellen Grau wirkt dagegen positiv bzw. neutral.

Inntal-Klinik in Simbach, nach Feng-Shui-Kriterien eingerichtet

Erholungsoasen

Harmonischer Garten

Wenn man sich Zen-Gärten anschaut, so fällt etwas Stilles, Friedliches und im positiven Sinne Verzauberndes auf: Weiße Kieswege, runde helle Sandflächen, in die labyrinthartige Kreise geharkt sind, Teehäuschen-Miniaturen, Jade-Löwen, Buddha-Statuen, Teiche mit Seerosen, Kirschblütensträucher...

Ein Ei im Garten macht sich immer gut

Eine ähnliche Welt können Sie sich auch schaffen. Zugegeben ist das meist eine Frage der finanziellen Möglichkeiten, wenn man tatsächlich mit dieser Ausstattung eine fernöstliche Note in seinen Garten bringen möchte . Viel machen aber bereits Lampen und idyllische Kieswege aus, die möglichst in sanft geschwungenen Kurven verlaufen sollten. Vermeiden Sie gerade Wege.

■ Ein Gartenteich mit Seerosen wird das Energie-Niveau für Haus und Grundstück anheben. Achten Sie allerdings darauf, daß Ihr Gewässer in einer für Sie günstigen Himmelsrichtung liegt (vom Hausmittelpunkt aus gesehen).

■ Kaufen Sie unbedingt eine Pumpe dazu, die das Wasser sprudeln läßt. Denn gar kein Teich ist immer noch besser als stehendes Wasser, da dies Stagnation symbolisieren würde.

■ Einen Effekt besonders stark fließender Lebensenergie erreichen Sie, falls Sie die Möglichkeit haben, zwei Teiche mit Höhendifferenz anzulegen, wobei das Wasser ständig vom oberen zum unteren Bassin fließen sollte. Es gibt dafür besondere Möglichkeiten zur Gestaltung mit Steinen an der Übertrittskante. Auf diese Weise wird dafür gesorgt, daß Wasser nicht im Boden versickert. Erkundigen Sie sich im Gartenbau-Fachhandel, wie ein solches Arrangement angelegt wird.

■ Falls Sie eine kleine Brücke plazieren wollen, sollte sie einen für Sie positiven Richtungsverlauf haben, zum Beispiel auf einem Weg vom Haus aus in eine Ihrer positiven Richtungen führen. Lassen Sie die Brücke aber nicht im Nichts enden, denn das hat seine eigene Symbolsprache. Positiv ist es aber, wenn von der Brücke aus etwa ein Weg weiter zu einem geharkten Sandkreis führt, der von Sträuchern umgeben ist, zu einem besonders schönen Beet-Arrangement oder zu Ihrer Hollywood-Schaukel.

■ Sorgen Sie für ständige Reinigung des Gewässers. Ein besonders wirksames, inzwischen bereits medienbekanntes Klärungsverfahren, das auf Jonisierung beruht, bietet die Firma Plocher an (Bezugsadresse siehe S. 126).

■ Eine wichtige Rolle spielt in jedem Gartengrundstück die räumliche Struktur. Hervorragend ist es, wenn sie die ideale Landschaft reproduzieren kann, wobei das Haus die Schildkrötenformation darstellt. Rechts davon sollte ein höherer Baum oder ein größeres Ge-

büsch sein, das den Drachen repräsentiert, links ein im Verhältnis dazu flacherer Baum oder Strauch (Tiger) und nach vorne hin eine offene Rasenfläche, die den Phönix darstellt.

Proportionen vor der Tür

Wichtig ist, daß zu einem Haus ein genügend großer Vorgarten gehört. Wo dies nicht gegeben ist, könnte man das Gefühl haben, daß alles an fremden Einflüssen ungeschützt von draußen herankommt. So etwas gibt es zum Beispiel nach einer Verbreiterung von Verkehrswegen, insbesondere, wenn eine Hauptverbindungsstraße ausgebaut wurde. Dann ist es wichtig, sich durch eine hohe Pergola oder Hecke abzuschirmen.

Bei einer dreieckigen Gartenform sollten die Ecken durch Buschwerk stark gemildert werden, so daß sich optisch durch die Rasenfläche und Beete eine Form ergibt, die eher einem länglichen Pfannkuchen gleicht.

Zierrat für draußen

Neuerdings gibt es eine Vielzahl ansprechender Figuren für den Garten, von denen manche der Antike nachempfunden sind. Gelegentlich handelt es sich um Nachbildungen von Göttern aus Kultstätten. Deshalb empfiehlt es sich,

Gestalten Sie in Ihrem Garten eine ideale Landschaft

beim Kauf nachzufragen, was man sich da ins Heim holt. Einen Kriegsgott Mars etwa wird nicht jeder vertragen. Manchmal können Verkäufer tatsächlich eine ungefähre Auskunft darüber geben, worum es sich handelt.

■ Achten Sie auf die Ausstrahlung von Figuren und auch darauf, was für eine Botschaft sie übermitteln. Diese sollte grundsätzlich positiv sein. Aus diesem Grunde sollten Skulpturen weder Gesichter mit einem unangenehmen Ausdruck haben, noch sollten sie Torsi mit fehlenden Gliedmaßen sein.

Feng-Shui-Skulpturen besitzen Element-Qualitäten

■ Beachten Sie entsprechende Kriterien auch bei lustigen Kobold-Windlichtern, die es neuerdings aus Steingut gibt.

Elemente im Garten

Auch auf Ihrer Terrasse und im Garten selbst können Sie mit den Feng-Shui-Elementen spielen. Dazu einige Anregungen für das Ambiente im Freien:

Feuer: Außenkamine, Fackeln, Laternen, Grillöfen, spitze Mauerdächer, rote Steinplatten, Pflanzen mit rosafarbenen, rötlichen und rotvioletten Blüten, Fichten und Tannen (spitze Wuchsform). Darüber hinaus haben eigentlich alle Nadelgehölze eine gewisse Feuerqualität, eben wegen ihrer spitzen Nadeln.

Erde: Große Steingutgefäße, Tonvasen, Amphoren, Natursteine, Kieswege, geharkter Sand, Terrassen, Steingärten, Ziersteine, Mauern mit flacher Abdeckung oder ganz ohne Dachplatten, rechteckig geschnittene Hecken in Blockform. Achtung: Steinmaterial ist oft rötlich und hat dann zusätzlich eine Feuer-Qualität.

Metall: Zierkugeln, oben abgerundete Mauern, kreisförmige Formationen aus Steinen im Boden (plus Erd-Anteil, der darin enthalten ist), kleine Pavillons mit Kuppeldach, Pflanzen mit runden Blättern, Bäume mit bauchiger Krone.

Wasser: Teiche, Feuchtbiotope, kleine Bachläufe, unregelmäßig geformtes Buschwerk, wellige Bodenformen, Pflanzen mit blauen, bläulichen oder blaulila Blüten. Schilf und teilweise auch Bambus wecken unbewußte Assoziationen mit Wasser, da im Umfeld nasses Element vermutet wird.

Holz: Zäune, Holzschuppen, Futterhäuschen für Vögel, eventuell Tische und Gartenbestuhlung (sofern nicht aus Plastik), alle Bäume, Sträucher, Büsche, Blumen, auch Rasen. Betonte Holzausprägung bei Pappeln und anderen hochwachsenden Baumarten.

Sie gehen am besten so mit den Elementen im Garten um, daß Ihr persönliches Element im generativen Kreislauf unterstützt wird und auch hinreichend selbst vorkommt. Entsprechendes gilt für die Elemente Ihrer Angehörigen. Außerdem haben Sie die Möglichkeit, Pflanzen und Gartendekoration in Ihren positiven Himmelsrichtungen einzusetzen, so daß dort die für Sie förderlichen Qualitäten zusätzlich unterstützt werden. Und in den für Sie oder Ihre Angehörigen nicht günstigen Himmelsrichtungen können Sie durch gezielten Einsatz bremsender bzw. hemmender Elemente die jeweils angreifende Element-Eigenschaften zurückdrängen – ganz

ähnlich wie in Ihrer Wohnung, nur daß man draußen keinen Plan mit Einteilung in Segmente zugrundelegt.

Eigenschaften von Pflanzen

Gutes Feng Shui im Garten erreichen Sie auch durch die überlegte Auswahl von Gartenpflanzen und von Bäumen, denen traditionell teilweise ein ganz eigener Charakter zugesprochen wird. Hier einige Beispiele:

Ahorn: Seine spitz zulaufenden Blätter sorgen dafür, daß der Baum gewisse Feuer-Merkmale aufweist. Seiner Nähe wird dennoch ein ausgleichender Einfluß bei Streß zugeschrieben. Er soll großzügiges Denken unterstützen.

Apfel: In allen Kulturen gilt der Baum als Symbol der Erotik und Lebenskraft. Er wird mit Liebe und Bindungsfähigkeit assoziiert. Der Pflanzenheilkundler René A. Strassmann meint, die wenigsten Raucher könnten Äpfel besonders genießen. Das hänge damit zusammen, daß diese Frucht ein weibliches Fruchtbarkeitssymbol darstelle, die Zigarette hingegen Ausdruck der männlich orientierten Leistungsgesellschaft (mit ihren Überforderungen) sei. Je häufiger Menschen Äpfel äßen, desto eher würde angeblich der Appetit auf die Zigarette nachlassen. Mental soll der Einfluß des

Wählen Sie die Feng-Shui-Elemente bewußt aus

Baumes Fröhlichkeit wecken. Er steht auch für Jugendlichkeit. Im übrigen ist es ein guter Brauch, bei der Ernte den letzten Apfel dem Baum als Zeichen der Dankbarkeit zu überlassen.

Birke: In seinem Buch „Baumheilkunde" schreibt Strassmann, die Birke gelte in verschiedenen Ländern als Schutzmittel vor dämonischen Kräften. Vielleicht hat es damit zu tun, daß die helle Rinde etwas Leichtes und Optimistisches ausdrückt. Der Baum soll denn auch Fröhlichkeit, Entspannung und Flexibilität unterstützen.

Birne: besitzt zentrierende Eigenschaften und soll mental das Kräftesammeln fördern.

Buche: Eher strenger Einfluß, fördert Konzentration.

Buchsbaum: Unterstützt angeblich die Abgrenzungsfähigkeit von Menschen, soll Ruhe vermitteln.

Eibe: Vorsicht! Die Eibe gilt als „Totenbaum", sie wird häufig auf Friedhöfen gepflanzt.

Faulbaum: Sein Einfluß unterstützt emotionale Öffnung, heißt es. Ökologisch wertvoll, da er viele Schmetterlingsarten anzieht.

Haselnuß: Steht für das Lustprinzip. Dem Strauch wird daher auch eine erotisierende Elektrizität zugeschrieben.

Kastanie: Die Roßkastanie soll die Nervenkraft stärken, wenn man den Baum aufsucht und sich dort ausruht.

Kiefer: Symbol für Langlebigkeit und Genügsamkeit.

Kirschbaum: Ein Frühlingssymbol, das Optimismus vermittelt.

Pfingstrose: Nach Evelyn Lip hat sie eine Beziehung zu Wohlstand.

Pflaumenbaum: Steht für Schönheit und Jugend.

Sanddorn: Fördert Ausgeglichenheit und Genügsamkeit; sein Anblick hilft, mit Dauerstreß besser fertig zu werden.

Walnuß: Zentrierende Wirkung, die Nüsse erinnern an die Windungen des Gehirns, daher positiver Einfluß auf die Konzentrationsfähigkeit.

Erlebnisbereich Balkon

Dieser Teil der Wohnung, ein Aufenthaltsbereich zum Lufttanken und Entspannen, kann viel mehr sein, als er für viele bis jetzt ist. Häufig sieht er allerdings eher einer Abstellkammer im Freien ähnlich. Man sollte ihn jedoch für sich als Erlebnisstätte entdecken.

■ Plazieren Sie auf einem größeren Balkon Steingutvasen. Sofern Sie oder Ihre Angehörigen das Element Wasser haben, sollten solche Gefäße eher rund und bauchig sein, damit sie für Ihr Element unterstützende Metall-Anteile haben und es nicht angreifen.

■ Wählen Sie eine Markise, die farblich Ihr Element unterstützt. Längsstreifen weisen auf Holz-Symbolik hin.

■ Windlichter, Laternen oder Kerzenbeleuchtung bringen abends vermehrt Chi auf den Balkon. Mit der Menge sollte man lediglich aufpassen, wenn man dem Holz- oder Metall-Element angehört – denn dann könnte zuviel vielleicht schaden.

■ Wählen Sie für die Begrünung Blumen, die aufgrund von Blattform und Blütenfarbe Ihr Element unterstützen oder mit ihm identisch sind.

■ Genießen Sie häufig den wohltuenden Einfluß einer Aromalampe, die idealerweise zu Ihrem Element passen sollte.

■ Bringen Sie nach Möglichkeit keine Satellitenschüsseln auf einem Balkon an, den Sie nutzen wollen.

■ Meiden Sie den Balkon so weit wie möglich, wenn er einem für Sie stark ungünstigen Wohnungsabschnitt entspricht.

Energiequelle Aquarium

Jedes Aquarium bringt mehr Lebensenergie in Räume. Man sollte allerdings darauf achten, daß es keine runde Form hat, da die Fische darin leiden.

■ Ausgesprochen positiv sind sechs- oder achteckige Becken, die frei auf einem Sockel stehen.

■ Goldfische und Schleierschwänze sind besondere Glücksbringer. Sie stehen für Wohlstand und Prosperität.

■ Geben Sie keine schwarzen Fische ins Becken.

■ Richten Sie sich mit der Bepflanzung (Blattformen), Menge der Steine, Farbe und Form der Fische weitgehend nach Ihren Elemente-Eigenschaften.

■ Achten Sie darauf, daß immer klares Wasser im Aquarium ist. Reinigen Sie das Becken regelmäßig. Entfernen Sie Algenbewuchs.

Vier Wände - ideal für Singles

In den meisten Fällen sind Wohnungen einzeln lebender Personen kleiner als typische Familienunterkünfte. Die Folge: Alles spielt sich normalerweise auf sehr viel engerem Raum ab. Das bedeutet: Es sollte ein Feng Shui der kurzen Wege geben.

■ Es lähmt Sie, wenn Sie erst lange um Gegenstände herumlaufen müssen, um etwas in Ihrer Wohnung erledigen zu können. Im Extremfall rafft man sich zu einem Handgriff nicht auf, weil gerade das Bügelbrett vor dem Schrank oder dem Regal steht.

Sich in seinem Element selbst wiederfinden

**Kurze Wege –
schnelles
Handeln**

■ Auf einer anderen Ebene im Leben wird man dann vielleicht genauso zu Unterlassungen neigen. Es häufen sich dann verpaßte Chancen, denen später vielleicht hinterhergetrauert wird. Und eigentlich hat es doch immer nur an einer Kleinigkeit gelegen: Die Bewerbung, die drei Tage zu spät abgeschickt wurde, der Antrag an die Behörde, zu dem man sich nicht hatte aufraffen konnte oder die Feier, auf der man wichtige Leute hätte kennenlernen können. Doch Voraussetzung wäre gewesen, daß man an dem Abend für seinen Hund noch einen „Babysitter" gefunden hätte. Also wieder nichts!

■ Lange Wege im Haushalt, um an etwas heranzukommen, sind ein Hinweis darauf, daß man auch draußen lange Anlaufzeiten braucht, um etwas auf die Beine zu stellen. Kurze Wege sorgen für schnelles Denken, flottes Reagieren und Handeln.

**Schaffen Sie
Freiraum für
den Geist**

■ Energie-Absorbern an den Kragen - Killen Sie unaufgeräumte Ecken! Viele von uns kennen das: Man sucht etwas ganz Bestimmtes mit jener Leidenschaft, mit der Forscher nach einem verschollenen Azteken-Schatz fahnden. Doch es handelt sich bei mir nur um ein paar banale Unterlagen, die man aber für ein Telefonat dringend benötigt.

■ Irgendwann erlahmt auch der Unermüdlichste, und man schiebt den dringenden Akt, um den es geht, auf. Der Körper hat dabei gelernt, daß es auch die Möglichkeit gibt, Energie runterzufahren. Und schon an die nächste Situation, die vielleicht noch viel wichtiger ist, geht man mit begrenztem Elan heran.

■ In solchen Momenten kann auf unaufgeräumte Ecken regelrecht Wut entstehen, denn sie sind im häuslichen Umfeld wie schwarze Löcher, in denen Energie verschwindet. Einziger Ausweg: Die Sache von Grund auf konsequent lösen, sich kontinuierlich dazu bringen, jedes Fitzelchen, das rumliegt, gleich wegzuräumen – sofort in einen Ordner oder „Ablage z. P.„ = „zum Papierkorb" .

■ Es gibt wenig Dinge, die so erfrischend auf den Geist wirken wie ein leerer, aufgeräumter Schreibtisch. Und manche Ansammlung von Papier wird vermieden, wenn man seine unergründliche Sammlerleidenschaft endlich aufgibt. Denn zum Archivieren von Artikeln aus unvollständigen Zeitschriftenjahrgängen wird man nie kommen, auch wenn man sich das noch so sehr vorgenommen hat. Doch die Hefte liegen stapelweise rum, beanspruchen Platz und Aufmerksamkeit – und damit wiederum Energie. Also – weg damit!

Ambiente und Outfit

Ambiente mit Flair

◼ Ein anderes Thema, das für Junggesellen einige Bedeutung hat, besteht in Gastlichkeit mit Erlebnischarakter. Man möchte zumindest am Wochenende die Möglichkeit haben, auch zu später Stunde noch Gäste zu empfangen. Buntes Geschirr, witzige Gläser, Tassen, die für Gesprächsstoff sorgen und lauter solche Kleinigkeiten ziehen Gäste an.

◼ Farbige Leuchtstoffröhren, Poster mit eingelassenen Leuchtelementen, ungewöhnliche Kerzen, Lichterketten und ähnliches vermitteln eine permanente Party-Stimmung. Von solchen Dingen angezogen, kommen Freunde gern vorbei, und es ist Leben in der Bude.

◼ Sarah Rossbach schreibt, Apricot sei die Farbe, die die Kontaktfreudigkeit am meisten unterstütze. Paare könne sie auseinanderbringen, Junggesellen aber ein abwechslungsreiches Liebesleben bescheren.

◼ Wahrscheinlich haben Hollywood-filme ihr den Weg bereitet – anders ist nicht zu erlären, warum eine eleganten Hausbar eine eigene Form von Charisma entwickelt, die gerade dem Junggesellen zugutekommt. Bedenken wir jedoch: Jeder noch so gute Tropfen ist Alkohol, hat nicht nur eine einschlägig bekannte Wirkung auf Kopf und Magen, wenn man mal zuviel davon zu sich nimmt. Die Flaschen haben auch eine bestimmte Form von Ausstrahlung. Sie kanalisieren die Raumatmosphäre in eine Yin/Yang-Polarisierung, die eher einen dämpfenden Charakter hat. Lassen Sie deshalb nur wenig Flaschen sichtbar auf dem Barwagen stehen. Schrankwände haben meist ideale Fächer, die sich gut als Flaschen-Depot für den nächsten Event zum Feiern eignen.

◼ Schaffen Sie sich interessantes Tee- oder Kaffeegeschirr an. Verzichten Sie dabei nicht auf Stövchen und zeremonielles Beiwerk. Die Anziehung, die sich daraus ergibt, sorgt für eine viel sensiblere Art von Kommunikation, als wenn immer gleich Bier, Wein oder Spirituosen auf dem Tisch stehen. Gespräche werden auf der einen Seite leichter, auf der anderen feiner und tiefer, wenn man beispielsweise Tee miteinander trinkt.

Kleider machen Elemente

Sie haben es bestimmt schon vermutet. Das Prinzip Feng Shui ist nicht nur auf den Bereich Kleidung übertragbar, sondern setzt sich hier auch logisch fort. Genauer gesagt, geht es in erster Linie um das Element-Processing, das Sie durch das, was Sie farblich und an textilen Formen (sowie Mustern) am Körper tragen, um eine Dimension erweitern.

■ Tragen Sie Farben, die das Element Ihres persönlichen Trigramms und/oder das spezifische Element Ihres Geburtsjahrgangs unterstützen. Sie gewinnen hierdurch täglich neue Power.

■ Positiv wirkt auf Sie auch die Farbe Ihres eigenen Elements. Es sollte ebenfalls Ihr bevorzugter Ton in der Kleidung werden, falls er es nicht schon ist.

■ Beachten Sie, daß Accessoires – etwa die Handtasche oder der Seidenschal bei der Dame bzw. das Einstecktuch zum Anzug beim Herrn – farblich am besten auch eines Ihrer Elemente repräsentieren oder in einer generativen (nährenden) Beziehung zu ihnen stehen.

■ Versuchen Sie bei wichtigen Gesprächspartnern unter Umständen herauszubekommen, wann Sie geboren sind. Nehmen Sie darauf in Ihrer Kleidung gegebenenfalls Rücksicht. Das be-

deutet: Vermeiden Sie in einer Begegnung Farben, die das Element Ihres Gegenübers angreifen.

■ Bei Verhandlungen sollten Sie nicht die Position Ihres Gesprächspartners unnötig dadurch stärken, daß Sie eine Farbe wählen, die sein Element nährt. Das Element des Gegenübers zu wählen, wird hingegen ein gutes Spiegeln seiner Naturell-Eigenschaften im persönlichen Kontakt sein. Wenn Sie sich in einer vergleichsweise schwachen Position befinden, wählen Sie einen Farbton, der eines Ihrer Elemente nährt. Genauso dann, wenn Sie das Geburtsdatum des anderen nicht in Erfahrung bringen konnten. Sie werden dann in Ihrer Energie und Ausstrahlung unterstützt.

■ Vermittelnd kann in einem persönlichen Kontakt eine Farbe sein, die zu zwei Seiten eine positive Beziehung hat. Zum Beispiel dann, wenn sie bei einer beteiligten Person das eigene Element repräsentiert und bei der anderen nährend wirkt.

■ Manchmal könnte es auch sinnvoll sein, für die Kleidung zu Begegnungen und Gesprächen ein Element aus dem angreifenden Zyklus zu nehmen. Beispielsweise dann, wenn das Gegenüber dazu neigt, einen niederzumachen oder nicht greifbar zu dominieren ist.

Auch Accessoires in Verbindung zu den Elementen bringen

Da man grundsätzlich jedoch an einem Konsens interessiert sein wird, empfiehlt es sich, eine Entsprechung aus dem destruktiven Kreislauf zu wählen, die der *kleinen Form* entspricht. Wenn Ihr Gegenüber zum Beispiel Erde ist, dann wählen Sie eventuell einen sanften – geradezu pastellfarbenen – Grünton, der in dem Fall *Sun*, Südosten, dem *kleinen Holz* entsprechen würde.

Ähnlich gehen Sie in einem Spannungsgefälle vor, bei dem es eine kleine Form gar nicht gibt. Sie erinnern sich: Von *Li* = Feuer und *Kan* = Wasser gibt es nur eine Form und keine Unterscheidung zwischen *klein* und *groß*. In dem Fall haben Sie die Möglichkeit, eine quantitative Akzentuierung vorzunehmen, indem Sie das betreffende angreifende Element eher dezent in Erscheinung treten lassen - die Pünktchen auf dem Kleid der Dame im entsprechenden Ton und beim Herrn eventuell die feinen Karos auf dem Sakko.

Zusätzliche Möglichkeiten kreativ mit den Elementen Ihrer Kleidung zu spielen haben Sie, wenn Sie Schnitte und Muster mit einbeziehen.

Achten Sie auf die Kragenform: Spitz zulaufend bedeutet sie Feuer, abgerundet eher Metall, ein flacher Stegkragen stellt Erde dar. Krawattenmuster können alle möglichen Elemente symbolisieren, ebenso Einstecktücher.

Florale Muster sind immer eine Entsprechung zu Holz, sei es, daß es sich um Blüten- oder um Bambusdessins handelt, um naturalistisch dargestellte Rosen auf einem Kleid oder um Drucke, die eher in einem übertragenen Sinne Florales erkennen lassen.

Frauen sollten im übrigen auch der Form ihrer Handtaschen Aufmerksamkeit widmen - flach und eckig repräsentiert sie Erde, rund oder ausgebuchtet in der Regel Metall. Unregelmäßige Formen sind dagegen allgemein mit Wasser in Verbindung zu bringen.

Bei Männern und Frauen gilt: Aktenkoffer bilden ein entscheidendes Karriere-Feng-Shui. Die Farbe Schwarz unterstreicht ein cooles Auftreten, das eher mit Abgrenzung einhergeht. Graue Kompaktkoffer machen unauffällig, und Bordeaux- sowie Brauntöne haben etwas Erdiges (mit leichten Feueranteilen). Sie vermitteln Farbe und Lebendigkeit.

Spangen, Broschen, Ringe: Persönliche Botschaften

Klang- und Duftanker in Räumen nutzen

Die Signale der fünf Sinne kodieren, wie das Gehirn jeweils unser individuelles Muster der Wirklichkeit zusammensetzt. Beim Wohnen und in Arbeitsräumen wird meist nur an die visuelle Dimension gedacht, allenfalls noch an das Gefühl, das durch bildliche Eindrücke stimuliert wird. Doch auch Klang und Geruch, in manchen Fällen sogar der Geschmack (etwa im Fall von Restaurants) können die Raumwahrnehmung beeinflussen. Mehr noch: Über ein sinnliches Gesamtarrangement von Eindrücken prägt der Raum wiederum das menschliche Lebensgefühl.

Musik verändert langfristig die Qualität von Räumen

Nicht nur von einem Blickfeld ist die Rede, im psychologischen Sprachgebrauch wird gelegentlich auch schon der Begriff „Klangfeld" gebraucht. Er bezeichnet die Lautkulisse, die in einer Situation energetisch um einen Menschen herum existiert. Darunter ist unter anderem ein Nachhall zu verstehen, der bleibt, wenn Worte gesprochen, Melodien verstummt und Geräusche verebbt sind; gleichzeitig entsteht ein Schwingungsraum, Resonanz in mir und in meinem Umfeld.

In diesem Sinne kann Musik langfristig die Qualität von Räumen verändern. Durch die akustischen Stimuli, die eine Spur hinterlassen, bekommt der Raum eine Atmosphäre, die sich in Wände und Möbel einprägt.

Trommeln soll Räume nachhaltig „aufpowern". Rhythmische Klänge hinterlassen Raumbotschaften, die helfen, positiv mit Zeiterleben und Zyklen umzugehen. Und kraftvolle Blasinstrumente haben meist eine belebende, anregende Wirkung, die in der Umgebung bleibt.

Tango und Salsa hinterlassen eine erotische Klangatmosphäre in Räumen, wobei Tangomusik auch schwermütige Anteile haben kann.

Jazz gibt ein intellektuelles Fluidum, manchmal ein Klang-Script, das sich nur noch schwer in eine bestimmte Schublade einordnen läßt.

Nicht umsonst bedient sich die Bibel der Metapher von den Posaunen, die die Mauern von Jericho einstürzen lassen. Das bedeutet: Dissonante Klänge, unharmonische Melodien hinterlassen ein Störungsmuster, welches die Raumqualität beschneidet.

Das gilt auch für Worte: Reinigen Sie Räume energetisch, wenn gerade negative Nachrichten über den Äther gekommen sind, oder wenn Sie beim Zapppen im TV einen Kanal mit Schreien, Fluchen, Weinen, Horror-Inhalten oder Explosionsgetöse erwischt haben. An manchen Abenden kann man bekanntlich von einem Sender zum anderen schalten und bekommt überall dieselben Reize serviert, die Botschaften von Gewalt, Verbrechen und Verzweiflung.

Manchmal genügt es, kurz das Fenster zu öffnen. Eine weitere Möglichkeit ist, alle Beleuchtungskörper einzuschalten und so durch vermehrtes Chi den Raum zu reinigen. Doch manchmal sollte man sich hinterher auch bewußt positive Musik über den Lautsprecher holen - zum Beispiel Barockmusik. Sie kann wahrscheinlich auch für ein gutes Lernklima in einer Umgebung sorgen, denn sie wird in der Suggestopädie eingesetzt, die der intensivierten Informationsaufnahme dient.

Auch viele Klavierstücke haben energetische Reinigungseffekte und ganz besonders natürlich ausgesuchte Meditationsmusik.

Eine weitere Form energetischer Klärung der Raumatmosphäre haben Sie bereits kennengelernt - das Räuchern mit Salbeikraut. Dabei wird ein sehr intensiver Duftanker für das Unbewußte genutzt, der über einen (hier recht erdigen) Geruch spezifische Gehirnareale anspricht. Generell wirken Duftstimuli über das für emotionale Prozesse zuständige Limbische System im Hirn auf das sympathische und auch auf das parasympathische Nervensystem. Bestimmte Düfte wie Rose sollen mehr die rechte, andere wie Zitrone mehr die linke Gehirnhälfte anregen.

Auf diese Weise werden bio-elektrische Vorgänge in Gang gesetzt, welche sich auf die Raumwahrnehmung auswirken. Es handelt sich um ein besonders subtiles Mittel emotionaler Selbstbeeinflussung, und für die Atmosphäre von Räumen wird ein qualitativer Feng-Shui-Beitrag geleistet.

Erich Keller empfiehlt in dem Buch „Düfte bewußt erfahren und nutzen", wie sich etwa mit Hilfe einer Duftlampe die Konzentrationsfähigkeit steigern läßt: Machen Sie eine Mischung aus 5 Tropfen Rosmarin, 5 Tropfen Lavendel, 5 Tropfen Zitrone und 1 Tropfen Minze in die Lampe. Oder: 5 Tropfen Zirbelkiefer, 5 Tropfen Lavendel und 5 Tropfen Zitrone.

Keller meint, man könne sogar ein gesellschaftliches Ereignis wie eine kleine Party durch eine geeignete Duftauswahl positiv beeinflussen. Für ein lockeres und entspanntes Beisammensein werden vorgeschlagen: 5 Tropfen Litsea, 5 Tropfen Petitgrain, 1 Tropfen Jasmin.

Da es inzwischen auch Duftventilatoren und elektrische Duftlampen gibt, ist der Einsatz von olfaktorischen Ankern sicher auch auf Konferenzen und im Büro ein probates Mittel, um die Energie zu steigern. Wir sprechen heute schon von „Raumbeschallung". Der Begriff der Zukunft wird die „Beduftung" sein.

Setzen Sie die positive Wirkung von Düften bei der Arbeit und in der Freizeit ein

Positive Feng-Shui-Maße

Es gibt im Feng Shui seit undenklichen Zeiten überlieferte Harmonie-Maße, denen konkrete Bedeutungen zugeordnet werden. Genauso gibt es ungünstige Maßverhältnisse, die sich negativ auf Menschen auswirken sollen.

Wenn Sie mit dem Feng-Shui-Format der Harmonie-Maße (siehe Kasten auf Seite 121) zu arbeiten beginnen, sollten Sie sich als erstes ein Lineal und ein Maßband mit farbigen Klebebändern einteilen. Nehmen Sie für positive Maße Grün, und für negative Rot.

Messen Sie nach diesen Maßen zunächst Ihren Schreibtisch aus. Wenn dieser Tisch in der Fläche sowie in Höhe und Breite ungünstige Maßverhältnisse aufweist, haben Sie mehrere Möglichkeiten:

Sie kleben ihn mit (möglichst rotem) Klebeband ab, so daß sich Farbleisten ergeben, die an ihren Außenkanten positive Maßverhältnisse symbolisieren. Wichtig ist vor allem die Schreibtischfläche. Sie können sich Ihren Idealschreibtisch selber bauen, wenn Sie sich vom nächsten Bau- oder Fliesenmarkt Gasbetonsteine holen, die Sie weiß streichen. Stapeln Sie daraus zwei tragfähige und vor allem stabile Sockel in einem positiven Abstand zueinander und auch in einem harmonischen Höhenmaß. Legen Sie schließlich eine Platte auf die Sockel, die in Länge und Breite wiederum positive Maßverhältnisse aufweisen sollte. Nehmen Sie dafür ein Material nach Ihrem Wunsch, zum Beispiel Glas oder Holz. Für die Gasbetonsteine sind Spezialkleber erhältlich, die ihnen einen guten Halt geben.

Legen Sie die chinesischen Harmoniemaße auch zugrunde, wenn Sie Bildrahmen und Passepartouts bestellen, Poster aufhängen (Entfernungen vom Fußboden bis zum Rahmen) und bei vielen anderen Dingen im Haushalt.

Harmonie-Maße

Alle 43 cm wiederholen sich die positiven und negativen Abschnitte:

Chai   Reichtum (bis 5,4 cm)

Pi   Krankheit, Intrigen (5,4 bis 10,8 cm)

Li   Trennung und Lügen (10,8 bis 16,2 cm)

Yi   Förderung und Unterstützung (16,2 bis 21,5 cm)

Kwan   Kraft, Energie (21,5 bis 27 cm)

Chieh   (unspez.) Pech, Unglück (27 bis 32,4 cm)

Hai   Verletzung (32,4 bis 37, 5cm)

Pun   Geld, Geldangelegenheiten (37,5 bis 43 cm)

Anhang

1. Bei einer unregelmäßigen Wohnungs- oder Gebäudeform wird ein Rahmen, zum Beispiel mit gelbem Filzstift, so um den Grundriß herum gezeichnet, daß alle Außenkanten darin eingeschlossen sind. Das bedeutet, sämtliche ausgesparten Ecken und Winkel liegen innerhalb der Rahmenabmessungen.

2. Wenn Sie von den Eckpunkten des Rahmens aus Diagonalen einzeichnen, ergibt sich ein Schnittpunkt (X), der den Wohnungs- bzw. Gebäudemittelpunkt darstellt. Von hier aus stellen Sie die Verteilung der Himmelsrichtungen fest, die Sie in Form einer Windrose mit verlängerten Strichen einzeichnen.

3. Anschließend wird der Rahmen senkrecht und waagrecht in jeweils drei gleich große Abschnitte eingeteilt, aus denen sich dann Ihre Raumsegmente ergeben.

Zeichnung zu Punkt 1

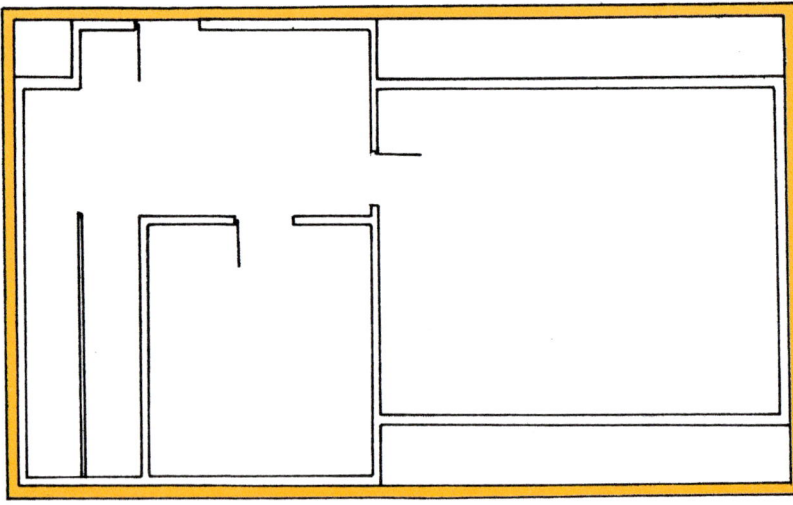

122

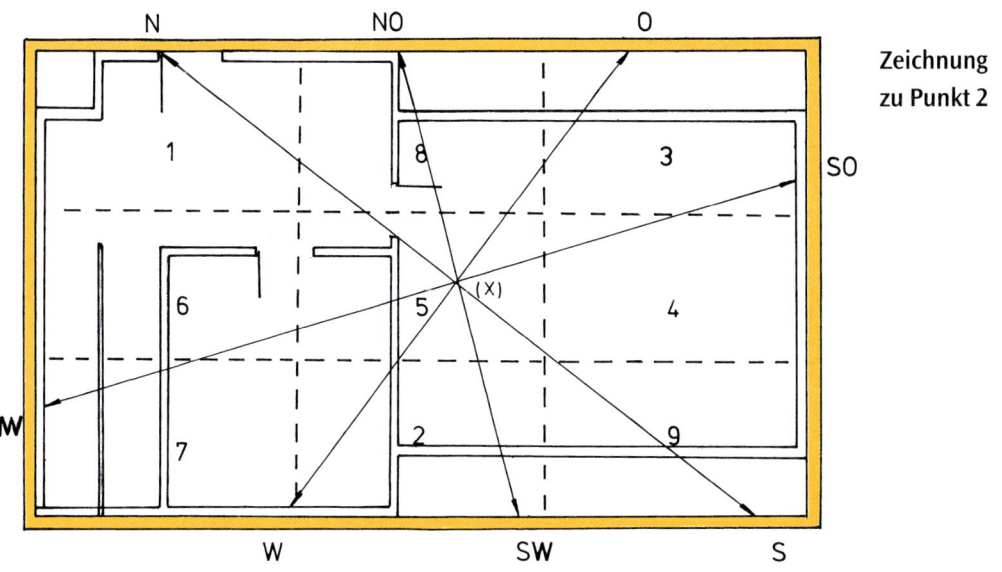

Zeichnung zu Punkt 2

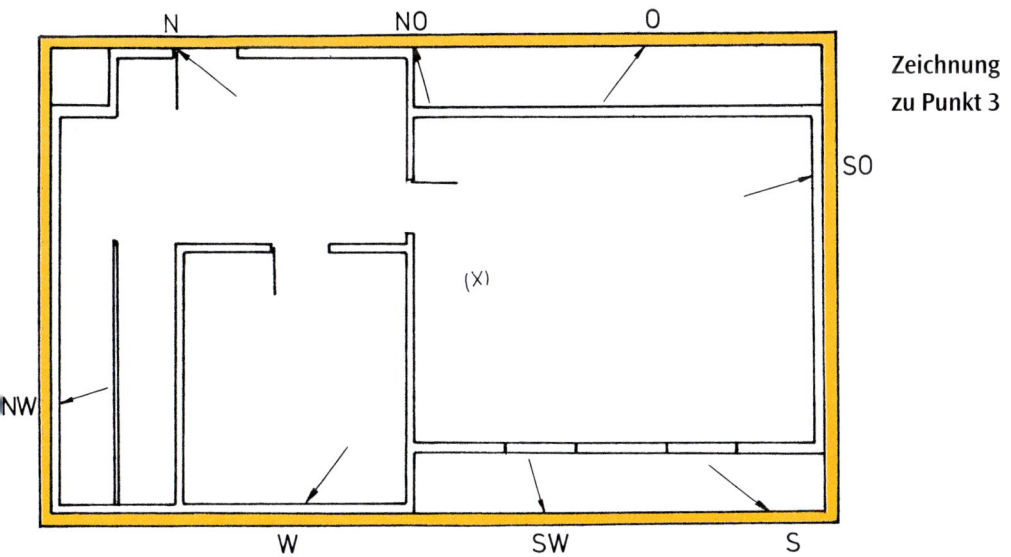

Zeichnung zu Punkt 3

Nehmen Sie nun die Grafik auf S. 60 zu Hilfe, die Ihnen erlaubt, nach den Himmelsrichtungen Kompaßzahlen zuzuordnen, zum Beispiel für Norden eine 1, für Süden eine 9 usw. Die 5 kommt immer in die Mitte. Sollten, wie im vorliegenden Beispiel, einzelne Segmente gleich von zwei Strahlenenden der Himmelsrichtungen durchschnitten werden, so ordnen Sie die Kompaßzahlen von den eindeutigen Himmelsrichtungen aus zu, im vorliegenden Fall Norden, wofür Sie nach der Grafik auf S. 123 im nördlichen Ecksegment eine 1 einzusetzen hätten, und Süden, dem eine 9 zuzuordnen wäre. Daraus ergeben sich logisch die übrigen Himmelsrichtungen; in den beiden anderen Ecksegmenten für Osten eine 3 und für Westen eine 6.

Beachten Sie: Während der Addition bei einem Grundriß, bei dem die Hauptthimmelsrichtungen (N, S, O, W) in den Mittelabschnitten der Seitenlängen liegen, waagrecht, senkrecht und diagonal immer 15 ergeben, ist dies nicht der Fall, wenn die primären Himmelsrichtungen sich an den Eckpunkten befinden.

In dem Fall muß man über Eck rechnen. Norden wäre zum Beispiel 1, Nordwesten 6, und Nordosten 8, zusammen ergäbe das 15. Diagonal geht auch in diesem Fall die Rechnung auf: Norden 1, Mitte 5, Süden 9, ergibt zusammen 15. Dies ist eine Kontrollrechnung, um festzustellen, ob die Kompaßzahlen zu den Himmelsrichtungen richtig zugeordnet wurden. Kehren Sie, um weiterzuarbeiten, zur Anleitung auf Seite 65 zurück.

Bezugsquellen für Feng-Shui-Bedarf und weitere Adressen

Versand von Wasserfall-Postern, Fächern, Flöten, Räucherwerk (auch Weihrauch): Buchhandlung Hier & Jetzt, Erzberger Str. 10, 22765 Hamburg, Tel.: 040-39 57 84, Fax: 040-390 07 33

Versand von Windklangspielen (von klein bis ganz groß), Kristallen, sonstigem Bedarf, auch angelsächsische Feng-Shui-Literatur: Buchhandlung Wrage, Schlüterstr. 4, 20146 Hamburg, Tel.: 040-45 52 40, Fax: 040-44 24 69

Ungewöhnliche Wasserbrunnen (Titelfoto); Zimmer-Zen-Gärten und Steine, die je nach Energie eines Auftraggebers individuell angefertigt werden: Gunna Scheffler, Dorfstraße, 24361 Haby, Tel.: 04356-1464

Wasser-Reinigung: Plocher-Energiesysteme, Gebietsleitung Norddeutschland: Otto Uitvas, Tel.: 04383-1345

Duftlampen und eine große Auswahl an Duftstoffen sowie verschiedene Windspiele finden Sie in 170 im Bundesgebiet vertretenen Filialen der alternativen Drogeriekette „Spinnrad". Adressen von Geschäftsstellen in Ihrer Nähe erfahren Sie von der Zentrale: Spinnrad GmbH, Am Luftschacht 3 A, 45886 Gelsenkirchen. Tel.: 0209-17000-0, Fax: 0209-17000-40

Feng-Shui-Beratungen, Auskünfte über Seminare und Kontakte, Feng Shui Raumprocessing und Mental-Design: Bernd Nossack, Valparaisostr. 20, 22761 Hamburg, Tel.: 040–89 64 42, Fax: 040–899 19 38

Chimag-Feng-Shui in Deutschland:
Gerhard Waldner, Unterschwarzenberg 18, 87466 Oy-Mittelberg,
Tel.: 08366-98687, Fax: 08366-98686

Chimag-Feng-Shui in Österreich
Andreas Hager, Hauptstr. 37, A–8301 Laßnitzhöhe, Tel./Fax: 0043-3133-3152

Literaturangaben

Lam Kam Chuen: Das Feng Shui-Handbuch - Wie Sie Ihre Wohn- und Arbeitssituation verbessern, Joy-Verlag, 1995

Irene Dalichow, Mike Booth, Aura-Soma, Heilung durch Farbe, Pflanzen- und Edelsteinenergie, Knaur, 1994

Erich Keller, Düfte bewußt erfahren und nutzen, Scherz Verlag, 1995

Albert Lo: Practical Feng Shui for the Home, Pelanduk Publications, 1995

Raymond Lo: Feng Shui & Destiny for Managers, Times Books International, 1996

Ingrid Kraaz von Rohr: Formen, Farben und Symbole bewußt erfahren und erleben, Scherz Verlag, 1995

Sarah Rossbach: Feng Shui - Die chinesische Kunst des gesunden Wohnens, Knaur, 1989

René A. Strassmann: Baumheilkunde - Begegnungen und Erfahrungen mit den Heilkräften der Bäume, AT Verlag

Lilian Too: Bd. 1 Feng Shui/ Bd. 2 Applied Feng Shui/ Bd. 3 Practical Applications of Feng Shui, KONSEEP LAGENDA Sdn. Bhd., 1993

Derek Walters: Die Kunst des Wohnens, O. W. Barth Verlag, 1994

Zum Thema »Gesundheit« sind im URANIA VERLAG erschienen:

Der große Gesundheits-Check, Vorbeugen ist besser als heilen (Nr. 563).

Homöopathie richtig anwenden, Fit und gesund durch die Kräfte der Natur (Nr. 566).

Selbstheilung durch NLP, Ein neuer Weg zur ganzheitlichen Gesundheit (Nr. 568).

Gesund ohne Arzt, Durch geistige Selbstheilung zur neuen Persönlichkeit (Nr. 564).